“十四五”普通高等教育规划教材
高职高专会计系列

会计信息管理专业国家级教学资源库配套教材
高等职业教育在线开放课程信息化专业教材

财务会计实训

杨智慧　庄燕娜　主编

立信会计出版社
LIXIN ACCOUNTING PUBLISHING HOUSE

"十四五"普通高等教育规划教材
高职高专会计系列

会计信息管理专业国家级教学资源库配套教材
高等职业教育在线开放课程信息化专业教材

财务会计实训

杨智慧 庄燕娜 主 编

立信会计出版社
LIXIN ACCOUNTING PUBLISHING HOUSE

图书在版编目(CIP)数据

财务会计实训 / 杨智慧,庄燕娜主编. —上海:立信会计出版社, 2022.1(2023.7 重印)
“十四五”普通高等教育规划教材
ISBN 978-7-5429-6718-3

Ⅰ. ①财… Ⅱ. ①杨… ②庄… Ⅲ. ①财务会计—高等学校—教材 Ⅳ. ①F234.4

中国版本图书馆 CIP 数据核字(2022)第 011923 号

策划编辑　赵新民
责任编辑　郭　光
助理编辑　张忠秀

财务会计实训
CAIWU KUAIJI SHIXUN

出版发行	立信会计出版社		
地　　址	上海市中山西路 2230 号	邮政编码	200235
电　　话	(021)64411389	传　　真	(021)64411325
网　　址	www.lixinaph.com	电子邮箱	lixinaph2019@126.com
网上书店	http://lixin.jd.com		http://lxkjcbs.tmall.com
经　　销	各地新华书店		
印　　刷	浙江天地海印刷有限公司		
开　　本	787 毫米×1092 毫米	1/16	
印　　张	21		
字　　数	268 千字		
版　　次	2022 年 1 月第 1 版		
印　　次	2023 年 7 月第 2 次		
书　　号	ISBN 978-7-5429-6718-3/F		
定　　价	58.00 元		

前　言

为贯彻习近平总书记关于职业教育工作和教材工作的重要指示批示精神，本教材的编写根据《国家职业教育改革实施方案》的要求，以 2023 年 2 月印发的《关于进一步加强财会监督工作的意见》为契机，以二十大报告中提出的“全党要把青年工作作为战略性工作来抓，用党的科学理论武装青年，用党的初心使命感召青年，做青年朋友的知心人、青年工作的热心人、青年群众的引路人。”为指引，整体把握财务会计的核算与监督知识，并且强调系统的学习能力和综合素质训练。

本书是《财务会计》的配套教材，是由编者所在院校教师团队通过深入广东省特别是珠三角地区具有典型代表性的中小型工业制造企业、商品流通企业、会计中介机构等行业企业进行调研，重新整合设计的、基于工作过程的财务会计专业学习领域，并通过对不同企业财务部门的岗位设置及岗位工作任务的梳理以及企业财务部门对不同会计岗位职业能力的需求，最新开发、整合、设计并编写的财务会计实训教材。

本书基于工作过程课程开发设计的理念，根据企业财务部门对不同会计岗位职业能力的需求，以及财务会计不同岗位的实际工作过程，以工作岗位(任务)为载体，组织课程内容、设计学习情境，以拓宽学生基础知识并强化其在会计各个工作岗位的实际工作操作技能为目的，设计了基于会计各不同岗位工作过程的教材内容体系。

本书具有以下特色：

1. 以 6 个会计岗位设计实训内容

6 个会计岗位的工作任务对应本书的 6 个模块，即货币资金业务的管理与核算、往来业务的管理与核算、投资业务的管理与核算、综合业务的管理与核算、财务成果的管理与核算以及财务报表的编制与报告，全书实训内容的设计与实际工作岗位所要完成的工作任务完全对接，有助于实现教学向岗位的迁移，充分体现了工学结合的教学模式。

2. 以直观的会计岗位模块划分实训内容

本书以企业不同会计岗位的形式组织设计为 6 个岗位模块，每个岗位模块按照由易到难、由单项到综合的顺序排列，包括实务训练要点和难点、实务训练要求、程序、目的、工作任务训练以及知识技能训练等内容，实训内容全面、可操作性强，既体现了与企业会计岗位零距离对接的教学模式，也兼顾了学生技能训练的知识需求，可以调动和激发学生学习的兴趣和积极性，提高教学效果。

3. 教、学、做融为一体

本书将教师需教的、学生需学和做的内容融为一体，与实际工作所需的知识和技能完全一致，学生训练并需要完成的工作任务、所使用的工具等就是工作后所要完成的工作任务和所使用的工具，使学生在课堂中就体验了真实的工作情境，为学生毕业后直接顶岗奠定了一定的基础。

4. 突出信息化特色

本书配套资源以国家级教学资源库(主编任执行负责人，学校是第一主持单位)信息化教学资源为主，辅以教材各教学内容模块上的二维码资源，充分体现了数字化课程的优势，为教师和学生提供了更为现代、高效的学习资源。信息化教学资源网址：www.icve.com.cn/kjxxgl，在线课程二维码(会计信息管理专业教学资源库——《企业财务会计》)如下：

本书由杨智慧、庄燕娜担任主编，陈金英、刘丽敏、史艳利担任副主编，张巧秀、梁琴等老师参与编写。金蝶国际软件集团有限公司副总裁傅仕伟、金蝶精一信息科技服务有限公司高级财务顾问胡玉姣、翰智集团智慧教育事业部副总经理翁义春对岗位的教学内容进行了专业指导。

由于作者水平有限，书中难免存在疏漏之处，敬请广大读者不吝批评指正，以便我们对本书的进一步修订与完善。

杨智慧

2022.1

目　录

模块1　货币资金业务的管理与核算

模块1-1　实务训练要点和难点

1. 实务训练要点

（1）现金的使用范围和管理办法。

（2）银行存款的管理。

（3）几种支付结算方式的适用范围和核算。

2. 实务训练难点

（1）现金的使用和核算，包括库存现金的使用范围、日常现金的管理和现金收支的规定。

（2）不同支付结算方式的运用，包括几种基本银行结算方式的适用范围、结算程序和使用要求。要求学生认识不同种类结算方式的原始凭证，清晰了解它们的特点，并能根据实际业务选择使用。

（3）货币资金的清查，为保证货币资金的安全，要求定期进行货币资金的清查，并根据清查结果编制分录进行相应会计处理。

微课

会计手工记账流程介绍　　实训账簿介绍

模块1-2　实务训练要求、程序、目的

1. 实务训练要求

学生通过实训，掌握现金、银行存款日常收付的账务处理，现金清查和银行存款核对的方法，其他货币资金的内容及主要账务处理；熟悉现金、银行存款日记账的设置和登记方法，国家现行的有关现金、银行存款的管理制度；了解银行支付结算方式的种类及其相关规定。

2. 实务训练程序

学生根据实训要求，掌握货币资金的基本管理方法、账务处理，特别是不同结算方式

的使用和核算，进而重点掌握对其在实务中的判断、处理和运用。

3. 实务训练目的

学生通过对本模块的学习，熟练掌握货币资金的日常收付管理和相应的账务处理，并能灵活运用于实务中。

微课

如何进行银行对账单对账

模块 1-3 工作任务训练

知识技能训练 1 库存现金与银行存款的管理与核算

某企业 2020 年 1 月 31 日银行存款日记账的余额为 84 000 元，银行对账单的余额为 111 000 元，银行对账单和银行存款日记账的有关记录见表 1-1、表 1-2。

表 1-1 银行对账单 单位：元

2020 年		摘要	结算凭证		收入	支出	结余	复核
月	日		种类	号数				
1	30	承前页					43 000	
	31	销售商品	转账支票	略	45 000			
	31	借款存款	进账通知		50 000			
	31	电汇	汇款单		15 000			
	31	提取现金	现金支票			30 000		
	31	支付材料款	托收单据			12 000		
1	31	本月合计					111 000	

表 1-2 银行存款日记账 单位：元

2020 年		凭证		摘要	结算凭证		收入	支出	结余
月	日	字	号		种类	号数			
1	30			本日合计					43 000
	31	银收	97	销售商品	转账支票	略	45 000		
	31	银付	56	支付材料款	转账支票			27 000	

（续表）

2020 年		凭证		摘要	结算凭证		收入	支出	结余
月	日	字	号		种类	号数			
	31	银收	98	短期借款	收账通知		50 000		
	31	银收	99	销售商品	转账支票		3 000		
	31	银付	57	提取现金	现金支票			30 000	
	31			本日合计			98 000	57 000	84 000
	31			本月合计					84 000

要求：

根据资料，编制“银行存款余额调节表”（凭证 1-1，见附录实训用纸，下同）。

微课

现金支票填写　　转账支票填写　　企业收到转账支票如何处理进账

知识技能训练 2　支付结算方式的认知、核算与操作

南方有限责任公司为增值税一般纳税人，开户银行为工商银行桥南办事处，账号为 3602033919235103205，核定的库存现金限额为 5 000 元。2020 年 1 月初南方有限责任公司现金账户的余额是 3 200 元，银行存款账户的余额是 380 000 元。1 月该企业有关经济业务如下：

（1）1 日，签发现金支票一张，提取现金 800 元，用于补充限额。（凭证 1-2）

（2）2 日，接到银行通知，已从本厂结算户存款中划付电信委托收款结算的上月行政管理部门电话费 1 800 元。（凭证 1-3、凭证 1-4）

（3）3 日，向立元有限责任公司销售产品 50 台，单位价格为 2 200 元，共计 110 000 元，增值税税额 14 300 元，总计 124 300 元。产品已通过铁路发出，南方有限责任公司以转账支票代垫运费 390 元，保险费 200 元，到银行办理托收承付手续。（凭证 1-5～凭证 1-8）

（4）4 日，向联盛有限责任公司承付购料款、货款及增值税 226 000 元。（凭证 1-9、凭证 1-10）

（5）6 日，委托银行电汇北京工行 30 000 元开立采购专户，手续费 11.20 元，并派王芳到北京采购。王芳预借差旅费 3 400 元，以现金支付。（凭证 1-11～凭证 1-13）

（6）8 日，填银行汇票委托书，办理银行汇票 13 000 元。收款人：聚信有限责任公司；账号：3602053919360471525；开户银行：工行上海徐汇营业部。根据银行手续费凭证，付

手续费5.70元。(凭证1-14、凭证1-15)

(7) 8日,收到王芳从北京寄回采购料增值税专用发票,发票上注明价款20 000元,增值税税额2 600元,已从当地采购专户支付。(凭证1-16、凭证1-17)

(8) 10日,职工王芳出差回来报销差旅费,原借支3 400元,实报销3 800元,差额400元即用现金补付。北京工商银行的采购专户使用结束,余款划回。(凭证1-18、凭证1-19)

(9) 12日,以银行汇票支付聚信有限责任公司购材料款11 300元,多余款已通过银行收回。(凭证1-20、凭证1-21)

(10) 15日,向伟航有限责任公司销售设备20台,单价2 100元,计42 000元,增值税额5 460元,合计47 460元。收到转账支票,填进账单存入银行。(凭证1-22～凭证1-24)

(11) 17日,南方有限责任公司将100 000元款项划入证券公司账户。(凭证1-25、凭证1-26)

(12) 26日,持有的宝扬股份有限公司的80 000元银行承兑汇票到期,企业收到账款。(凭证1-27)

(13) 29日,南方有限责任公司在现金清查中,发现现金短缺200元,原因待查。(凭证1-28)

(14) 30日,上述短款原因已查明,是出纳人员陈红工作失职造成,陈红交回现金200元以作赔偿。(凭证1-29、凭证1-30)

要求:

(1) 根据经济业务填写或审核原始凭证。

(2) 根据经济业务及原始凭证编制有关记账凭证。

(3) 根据记账凭证登记现金日记账、银行存款日记账及其他相关账簿。

微课

如何填制记账凭证　　如何手工建账(日记账、三栏明细账)　　如何登记现金日记账

模块 2　供销往来业务的管理与核算

模块 2-1　实务训练要点和难点

1. 实务训练要点

（1）存货的计价方法。

（2）原材料的采购、委托加工物资的核算。

（3）低值易耗品、包装物的核算。

（4）存货盘盈、盘亏的核算。

（5）商品销售收入、提供劳务收入及其他业务收入的核算。

（6）坏账损失的核算。

2. 实务训练难点

（1）发出存货的计价。在实际成本核算方式下，企业可以采用的发出存货成本的计价方法包括个别计价法、先进先出法、月末一次加权平均法和移动加权平均法等。

（2）期末存货的计价。资产负债表日，存货应当按照成本与可变现净值孰低计量。其中，可变现净值是指在日常活动中，存货的估计售价减去至完工时估计将要发生的成本、估计的销售费用以及相关税费后的金额。

（3）原材料按计划成本的核算。日常工作中，企业发出的存货，可以按实际成本核算，也可以按计划成本核算。如采用计划成本核算，会计期末应调整为实际成本。

（4）应收票据贴现的核算。应收票据贴现是指持票人在票据到期前，将持有的票据向贴现银行申请贴现，并取得所需款项的行为。贴息及贴现应得款项的计算有四个步骤：①计算应收票据的到期值；②计算贴现天数；③计算贴现息；④计算贴现值。

（5）现金折扣销售业务的核算。对现金折扣的处理，通常有两种办法：总价法和净价法。我国《企业会计制度》规定应收账款采用总价法入账。

（6）收入的核算。收入是企业在日常活动中所形成的、会导致所有者权益增加的与投入资本无关的经济利益的总流入；收入仅限于企业销售商品、提供劳务及其他有关交易形成的收入的会计核算和相关信息的披露。

（7）应收款项坏账损失的核算。企业应当在资产负债表日对应收款项的账面价值进行检查，有客观证据表明该应收款项发生减值的，应当将该应收款项的账面价值减记至未来现金流量现值，减记的金额确认为减值损失，计提坏账准备。

模块 2-2 实务训练要求、程序、目的

1. 实务训练要求

学生通过对本模块的学习，应掌握不同存货以及相同存货在不同情况下的会计核算方法，了解预收账款和应付票据包括的具体内容，了解应收款项包括的具体内容；熟练掌握相关的会计核算，重点掌握材料采购、销售收入的核算以及应收款项坏账损失的核算。

2. 实务训练程序

学生根据实训要求掌握本模块相关存货的基本会计核算，掌握本模块应收账款具体内容的相关会计核算，掌握材料采购、销售收入的核算。

3. 实务训练目的

学生通过本模块相关知识的具体操作实训，能够将理论联系实际，更好地运用到实际工作中去。

模块 2-3 工作任务训练

知识技能训练 1 企业存货的管理与计价

存货发出的计算

南方有限责任公司 2020 年 2 月 M 材料有关原始资料如下。

M 材料的期初余额见表 2-1。

表 2-1 M 材料期初余额 单位：元

品种	数量（千克）	单价	实际成本
M 材料	1 500	400	600 000

公司 2 月份发生的有关经济业务如下：

（1）2 月 3 日，南方有限责任公司从聚信有限责任公司购入 M 材料 500 千克，单价为 420 元，增值税 27 300 元，款项用转账支票支付，材料已验收入库。（凭证 2-1～凭证 2-3）

（2）2 月 9 日，基本生产车间生产领用 M 材料 1 200 千克。（凭证 2-4）

（3）2 月 18 日，南方有限责任公司从宝扬股份有限公司购入 M 材料 2 000 千克，单价为 430 元，款项用转账支票支付，材料已验收入库。（凭证 2-5～凭证 2-7）

（4）2 月 24 日，基本生产车间生产领用 M 材料 1 000 千克。（凭证 2-8）

要求：

月末根据材料明细账，分别按先进先出法、月末一次加权平均法及移动加权平均法确定该材料存货的本期发出成本和期末存货成本。

存货购进、发出的核算

南方有限责任公司存货采用永续盘存制，发出及期末结存存货采用加权平均法计价，购进材料的运费按税率 9%计算增值税。原材料的期初余额见表 2-2。

表 2-2　L 原材料期初余额　　单位：元

品种	数量(千克)	单价	计划成本	金额	材料成本差异
L	51 000	6.00	6.50	331 500	－25 500

2020 年 2 月份发生的有关经济业务如下：

(1) 2 月 1 日，基本生产车间生产 A 产品领用 L 材料 10 000 千克。(凭证 2-9)

(2) 2 月 2 日，从伟航有限责任公司购入 L 材料 5 000 千克，单价为 5.80 元，价款为 29 000 元，增值税税额 3 770 元，运费为 400 元，款项用转账支票支付，材料未入库。(凭证 2-10～凭证 2-12)

(3) 2 月 5 日，2 日所购入材料验收入库。(凭证 2-13)

(4) 2 月 10 日，基本生产车间生产 A 产品领用 L 材料 15 000 千克。(凭证 2-14)

(5) 2 月 15 日，向伟航有限责任公司购入 L 材料 10 000 千克，发票注明价款为 61 000 元，增值税税额 7 930 元，运费为 800 元，企业开出一张票面价值 69 802 元、期限 3 个月的商业汇票，材料已验收入库。(凭证 2-15～凭证 2-18)

(6) 2 月 17 日，基本生产车间生产 B 产品领用 L 材料 15 000 千克。(凭证 2-19)

(7) 2 月 20 日，向伟航有限责任公司购入 L 材料 10 000 千克，发票注明价款为 58 000 元，增值税税额 7 540 元，运费为 800 元，款项企业已汇付，材料尚未入库。(凭证 2-20～凭证 2-22)

(8) 2 月 23 日，仓库送来收料单，20 日购入的 L 材料验收入库，短缺 1 000 千克。运输企业责任赔偿。(凭证 2-23～凭证 2-25)

(9) 2 月 26 日，基本生产车间生产 B 产品领用 L 材料 7 500 千克。(凭证 2-26)

(10) 2 月 28 日，月末盘点，L 材料盘亏 1 000 千克，原因待查。(凭证 2-27)

(11) 2 月 28 日，编制发料凭证汇总表，据以结转发出材料实际成本(南方有限责任公司发料凭证汇总表一张)。(凭证 2-28)

要求：

(1) 根据经济业务填写空白原始凭证。

(2) 按计划成本计价，根据经济业务编制记账凭证。

(3) 登记原材料明细账、材料成本差异明细账，并计算原材料的成本差异率。

(4) 月末根据材料明细账、按计划成本法计算发出材料实际成本并进行总结。

微课

登记明细账(一)　登记明细账(二)　登记总账

知识技能训练 2　采购和付款业务的核算与操作

委托加工物资的核算

南方有限责任公司按计划成本对原材料进行日常核算,2020 年 2 月发生以下经济业务:

(1) 2 月 8 日,委托立元有限责任公司加工材料一批,发出原材料 M 材料的成本为 300 000 元,材料成本差异率为 1%。(凭证 2-29)

(2) 2 月 15 日,支付立元有限责任公司加工费为 169 500 元(含增值税),适用的增值税税率为 13%。(凭证 2-30、凭证 2-31)

(3) 2 月 28 日,N 材料加工完毕验收入库,其计划成本为 450 000 元。(凭证 2-32)

要求:

(1) 根据经济业务填制空白原始凭证。

(2) 按计划成本计价,根据经济业务编制记账凭证。

低值易耗品的核算

南方有限责任公司按实际成本对低值易耗品进行日常核算,并采用五五摊销法,2020 年 2 月发生以下经济业务:

(1) 1 日,生产车间领用专用工具一批,实际成本为 20 000 元,领用时摊销其价值的一半。(凭证 2-33)

(2) 28 日,报废时摊销低值易耗品价值的另一半。(凭证 2-34)

要求:

(1) 根据经济业务填制空白原始凭证。

(2) 根据经济业务编制记账凭证。

包装物的核算

南方有限责任公司对包装物采用计划成本核算,2020 年 2 月份发生以下经济业务:

(1) 2 月 8 日,从宝扬股份有限公司购入一批包装物甲,货款为 50 000 元,增值税税额 6 500 元,发票账单已收到,计划成本为 52 000 元,已验收入库,全部款项以银行存款支付。(凭证 2-35～凭证 2-37)

(2) 2 月 15 日,销售商品领用不单独计价包装物乙的计划成本为 10 000 元,材料成本差异率为−3%。(凭证 2-38)

(3) 2 月 25 日,向诚信信息服务有限公司销售商品领用单独计价包装物丙的计划成本为 16 000 元,销售收入为 20 000 元,增值税税额为 2 600 元(款项已存入银行)。该包装物的材料成本差异率为−3%。(凭证 2-39～凭证 2-41)

要求:

(1) 根据经济业务填制空白原始凭证。

(2) 根据经济业务编制记账凭证。

知识技能训练 3 销售和收款业务的核算与操作

计算题

(1) 一张商业汇票,6 月 8 日出票,9 月 6 日到期,计算票据天数。

(2) 一张商业汇票,2020 年 2 月 2 日出票,期限 100 天,计算票据到期日。

(3) 一张商业汇票,6 月 8 日出票,期限 3 个月,计算票据到期日。

(4) 一张商业汇票,面值 10 000 元,年利率 4%,期限 60 天,计算应收利息和到期值。

(5) 一张商业汇票,面值 8 000 元,月利率 3.9‰,期限 150 天,计算应收利息和到期值。

(6) 一张商业汇票,面值 8 000 元,月利率 3.9‰,期限 5 个月,计算应收利息和到期值。

(7) 一张商业汇票,面值 10 000 元,月利率 3.5‰,3 月 5 日出票,8 月 10 日到期,计算票据天数、应收利息和到期值。

(8) 一张商业汇票,面值 10 000 元,票面利率 4%,1 月 28 日出票,期限 5 个月,计算应收利息和到期值。

不带息商业汇票的核算

南方有限责任公司 2020 年发生以下经济业务,有关资料如下:

(1) 1 月 1 日,销售一批产品给聚信有限责任公司,售价为 500 万元,应收取的增值税税额为 65 万元,货款尚未收到。(凭证 2-42)

(2) 1 月 5 日,双方协商采用商业汇票结算方式,南方有限责任公司收到聚信有限责任公司无息的商业承兑汇票,付款期为 3 个月,面值 565 万元。(凭证 2-43)

(3) 南方有限责任公司于 2 月 1 日将该商业承兑汇票到银行贴现,贴现息为 0.5 万元,贴现款已存入银行。(凭证 2-44)

(4) 4 月 7 日,南方有限责任公司收到银行通知,付款单位无力支付已贴现的商业承兑汇票,款项已从南方有限责任公司的银行账户收取。(凭证 2-45)

(5) 4 月 20 日,经双方协商,南方有限责任公司收到聚信有限责任公司新开出期限为 3 个月、面值 565 万元的商业承兑汇票。(凭证 2-46)

要求:

(1) 根据经济业务审核及填制原始凭证后编制记账凭证。

(2) 说明各项业务的办理程序。

带息商业汇票的核算

南方有限责任公司 2020 年发生以下经济业务,有关资料如下:

(1) 2020 年 2 月 1 日,销售一批 A 商品给联盛有限责任公司,销售收入为 50 000 元,增值税税额为 6 500 元,联盛有限责任公司交来一张期限为 4 个月、票面利率为 5%的商业承兑汇票。(凭证 2-47、凭证 2-48)

(2) 2020 年 3 月 1 日,销售一批商品给立元有限责任公司,销售收入为 80 000 元,增值税税额为 10 400 元。立元有限责任公司交来一张期限 6 个月、票面利率为 4%的商业承兑汇票。(凭证 2-49、凭证 2-50)

(3) 2020 年 5 月 1 日,将联盛有限责任公司交来的票据向银行贴现,贴现率为 8%。(凭证 2-51)

(4) 2020 年 6 月 1 日，将立元有限责任公司交来的票据向银行贴现，贴现率为 6%。(凭证 2-52)

(5) 2020 年 9 月 1 日，由于承兑人立元有限责任公司银行账户不足支付，银行将已贴现的票据退回南方有限责任公司，同时从南方有限责任公司账户划款。(凭证 2-53)

要求：

(1) 通过计算，完成贴现凭证的填制。

(2) 根据上述资料编制南方有限责任公司相关业务的记账凭证。

应收账款的核算

南方有限责任公司 2020 年 3 月份发生下列经济业务：

(1) 3 月 1 日，向联泰有限责任公司销售商品一批，产品成本 40 000 元，售价 80 000 元，增值税税率 13%，商业折扣 10%，货款尚未收到。(凭证 2-54、凭证 2-55)

(2) 3 月 2 日，向立元有限责任公司赊销一批商品，总成本 250 000 元，售价 500 000 元，增值税税率 13%，付款条件是"2/10，n/30"，采用总价法进行会计核算。(凭证 2-56、凭证 2-57)

(3) 3 月 6 日，收到联泰有限责任公司的销货款。(凭证 2-58)

(4) 3 月 10 日，收到立元有限责任公司的赊销款，不含增值税计算现金折扣。(凭证 2-59)

(5) 3 月 12 日，向联盛有限责任公司赊销商品一批，该商品总成本为 60 000 元，报价为100 000 元，增值税税率 13%，商业折扣 5%，付款条件是"3/10，2/20，n/30"，采用总价法进行会计核算。(凭证 2-60、凭证 2-61)

(6) 3 月 30 日，收到联盛有限责任公司的赊销款，含增值税计算现金折扣。(凭证 2-62)

要求：

(1) 根据经济业务填制空白原始凭证。

(2) 根据原始凭证编制有关记账凭证。

(3) 根据记账凭证登记银行存款日记账、应收账款明细账。

预付账款和其他应收款的核算

南方有限责任公司为一般纳税人，2020 年 3 月发生下列经济业务：

(1) 3 月 1 日，为购进 P 材料预付给联泰有限责任公司 100 000 元，签发转账支票支付。(凭证 2-63)

(2) 3 月 3 日，从联泰有限责任公司购进 P 材料 1 000 千克，单价 80 元，材料款共计 80 000 元，增值税税额 10 400 元。货款以预付账款结算。多余款收回存入银行。(凭证 2-64～凭证 2-66)

(3) 3 月 5 日，联泰有限责任公司发来 Q 材料，材料进价 100 000 元，增值税税额 13 000 元，上月预付联泰有限责任公司 80 000 元，差额填制信汇凭证结清。(凭证 2-67～凭证 2-69)

(4) 3 月 8 日，采购部经理王平出差，预借差旅费 2 000 元，出纳人员付给现金。(凭证 2-70)

(5) 3 月 10 日，财会人员李青出差归来，报销差旅费 1 200 元，差额 300 元交回现金。(凭证 2-71)

(6) 3 月 11 日，签发转账支票支付水费 5 000 元，其中：车间耗用 4 500 元，行政部门耗用 480 元，为青年职工王娟垫付 20 元。（凭证 2-72、凭证 2-73）

(7) 上月月末财产清查中发现的原材料短少 500 元，已列入“待处理财产损溢——待处理流动资产损溢”账户。经查明，属保管员朱彬责任，责令其赔偿，但赔款尚未收到。（凭证 2-74、凭证 2-75）

(8) 3 月 15 日，发放本月工资 32 000 元，扣除垫款、赔款后，其余签发现金支票转入个人工资账户。（凭证 2-76、凭证 2-77）

(9) 3 月 20 日，购入 P 材料 10 000 元，税款 1 300 元，随货借入联盛有限责任公司包装物一批，押金 200 元，均以转账支票支付。（凭证 2-78～凭证 2-80）

(10) 3 月 22 日，上述 P 材料入库，包装物退出，收回押金。（凭证 2-81、凭证 2-82）

(11) 3 月 25 日，为业务部门核定备用金 1 000 元，以现金支票支付。（凭证 2-83、凭证 2-84）

要求：

(1) 填写以上空白原始凭证。

(2) 根据经济业务及原始凭证编制有关记账凭证。

(3) 根据记账凭证登记现金日记账、银行存款日记账及其他相关账簿。

坏账准备的核算

南方有限责任公司采用应收款项余额百分比法计提坏账准备，提取率 1%。假设该公司应收款项全部为应收账款，有关资料如下：

(1) 2020 年 1 月 1 日，“坏账准备”账面贷方余额为 7 000 元；1 月 31 日，“应收账款”账面余额为 1 000 000 元。（凭证 2-85）

(2) 2020 年 2 月 6 日，应收立元有限责任公司的货款 5 000 元确认为坏账。（凭证 2-86）

(3) 2020 年 2 月 28 日，“应收账款”账面余额为 400 000 元。（凭证 2-87）

(4) 2020 年 3 月 8 日，已注销的坏账又收回。（凭证 2-88）

(5) 2020 年 3 月 10 日，应收立元有限责任公司的货款 10 000 元确认为坏账。（凭证 2-89）

(6) 2020 年 3 月 31 日，“应收账款”账面余额为 800 000 元。（凭证 2-90）

(7) 2020 年 4 月 15 日，应收联盛有限责任公司的货款 3 000 元确认为坏账。（凭证 2-91）

(8) 2020 年 4 月 30 日，“应收账款”账面余额为 500 000 元。（凭证 2-92）

要求：

(1) 根据经济业务填制空白原始凭证。

(2) 根据经济业务及原始凭证编制有关记账凭证。

(3) 根据记账凭证登记相关账簿。

微课

总账与明细账对账

登记账簿如何过次页、月结和年结

模块 3　投资业务的管理与核算

模块 3-1　实务训练要点和难点

1. 实务训练要点

（1）投资的分类。

（2）交易性金融资产、债权投资、其他债权投资的核算。

（3）长期股权投资成本法和权益法的核算。

（4）固定资产的初始计量、计提折旧、后续计量及处置的核算。

（5）无形资产的取得、摊销、期末计价及处置的核算。

2. 实务训练难点

（1）交易性金融资产的核算。交易性金融资产是指企业持有的能够在近期内出售或回购，以短期获利为目的的证券投资，包括债券投资、股票投资、基金投资、权证投资等和直接指定为以公允价值计量且其变动计入当期损益的金融资产。

交易性金融资产的核算内容包括：交易性金融资产的取得；交易性金融资产持有期间现金股利和利息的核算；交易性金融资产的期末计价；交易性金融资产的处置。

（2）债权投资的核算。债权投资是指到期日固定、回收金额固定或可确定，且企业有明确意图和能力持有至到期的非衍生金融资产。

债权投资的核算内容包括：债权投资的取得；资产负债表日，债权投资利息的核算；将债权投资重分类为其他债权投资的核算；债权投资出售的核算。

（3）其他债权投资公允价值变动与减值的核算。其他债权投资是指初始确认时即被指定为可供出售的非衍生金融资产，如企业购入的在活跃市场上有报价的股票、债券和基金等；没有划分为以公允价值计量且其变动计入当期损益的金融资产或债权投资的金融资产。

其他债权投资的核算内容包括：其他债权投资的取得；资产负债表日，其他债权投资利息的核算；资产负债表日，其他债权投资公允价值变动的核算；其他债权投资发生减值的核算；将债权投资重分类为其他债权投资的核算；其他债权投资的出售的核算。

（4）长期股权投资的核算。长期股权投资包括企业持有的对其子公司、合营企业和联营企业的权益性投资。

长期股权投资的核算方法包括：采用成本法核算的长期股权投资和采用权益法核算的长期股权投资。

成本法核算的长期股权投资核算内容包括：取得长期股权投资时成本的计价；长期股权投资持有期间现金股利和利润的核算；处置长期股权投资的核算。

权益法核算的长期股权投资核算内容包括：取得长期股权投资时成本的计价；长期

股权投资持有期间被投资企业实现净利润或发生净亏损时的核算；处置长期股权投资时的核算。

(5) 固定资产的初始计量及其核算。固定资产的初始计量是指固定资产初始成本的确定。固定资产的成本是指企业购建某项固定资产达到预定可使用状态前所发生的一切合理、必要的支出。这些支出包括直接发生的价款、运杂费、包装费和安装成本等。固定资产的取得方式主要包括购买、自行建造、融资租入等，取得方式不同，初始计量方法也各不相同。

(6) 固定资产的后续计量及其核算。固定资产的后续计量是指固定资产在使用过程中发生的更新改造支出、修理费用等的计量。固定资产后续支出，符合固定资产确认条件的，应当计入固定资产成本；不符合固定资产确认条件的，应当在发生时计入当期损益。

(7) 固定资产折旧及其核算。固定资产折旧是指在固定资产使用寿命内，按照确定的方法对应计折旧额进行分摊。固定资产的折旧方法包括年限平均法、工作量法、双倍余额递减法和年数总和法等。固定资产的折旧方法一经确定，不得随意变更。

企业应当按月计提固定资产折旧，当月增加的固定资产，当月不计提折旧，从下月起计提折旧；当月减少的固定资产，当月仍提折旧，从下月起停止计提折旧。固定资产提足折旧后，不管是否继续使用，均不再提取折旧；提前报废的固定资产，也不再补提折旧。

(8) 固定资产的处置及其核算。固定资产处置，包括固定资产的出售、转让、报废和毁损、对外投资、非货币性资产交换、债务重组等。企业出售、转让、报废固定资产或发生固定资产毁损，应当将处置收入扣除账面价值和相关税费后的金额计入当期损益。固定资产账面价值是固定资产成本扣减累计折旧和累计减值准备后的金额。固定资产处置一般通过“固定资产清理”账户进行核算。

(9) 无形资产取得的确认、计量。企业取得无形资产时，应按其成本进行初始计量。企业取得无形资产的主要方式有：外购、自行研究开发、投资者投入、以非货币性资产交换、债务重组、政府补助和企业合并取得等。

(10) 无形资产处置的账务处理。无形资产的处置包括出售、毁损和报废。企业出售无形资产，应当将取得的价款扣除该无形资产账面价值以及出售时发生的相关税费后的差额计入营业外收入或营业外支出。无形资产预期不能为企业带来经济利益的，应当将该无形资产的账面价值予以转销。

(11) 无形资产的期末计价。企业应当在资产负债表日判断无形资产是否存在可能发生减值的迹象。因企业合并所形成的商誉和使用寿命不确定的无形资产，无论是否存在减值迹象，每年都应当进行减值测试。有减值迹象的无形资产应当计提减值准备。

模块 3-2　实务训练要求、程序、目的

1. 实务训练要求

投资是企业为增加财富，或谋求其他利益，而将资产让渡给其他单位所获得的另一项资产，是企业在生产经营活动中增资、扩股或扩大企业规模、增强企业实力的重要组成

部分。通过对本模块的学习,学生应掌握企业不同形式的投资活动所采用的不同的财务核算方法,熟悉固定资产包括的具体内容,掌握无形资产摊销的计算方法并在实务中能正确应用。

2. 实务训练程序

学生首先根据实训要求掌握本模块相关投资的基本会计核算,进而重点掌握模块学习的关键问题,即本模块学习的重点内容,并以此为基础进一步加强知识的强化训练和实际操作。

3. 实务训练目的

学生通过本模块相关知识的具体操作实训,基本能将所学投资的相关核算方法由理论上升到实践的层面,与实际工作相对接。

模块 3-3 工作任务训练

知识技能训练 1 短期和长期投资的管理与核算

交易性金融资产的核算

任务 1:2020 年 1 月 20 日,南方有限责任公司在证券公司购入宝扬股份有限公司股票 100 万股作为交易性金融资产。该股票在交易日的公允价值为 10 000 000 元,另支付交易费用30 000 元。(凭证 3-1、凭证 3-2)

要求:

(1) 根据经济业务填制原始凭证。

(2) 根据原始凭证进行会计处理并填制有关记账凭证。

(3) 根据记账凭证登记相关账簿。

任务 2: 2019 年 1 月 6 日,南方有限责任公司与宝扬股份有限公司达成协议购入宝扬股份有限公司发行的公司债券,该债券是宝扬股份有限公司 2018 年 7 月 1 日发行,面值 30 000 000 元,票面利率 5%,债券利息按年支付。南方有限责任公司将其划分为交易性金融资产,支付价款 30 750 000 元(其中包含已宣告发放的债券利息 750 000 元),另支付交易费 350 000 元。2019 年 2 月 6 日,南方有限责任公司收到宝扬股份有限公司支付的债券利息 750 000 元。2020 年 1 月 16 日收到债券利息 1 500 000 元。(凭证 3-3～凭证 3-6)

假设 2019 年 6 月 30 日,南方有限责任公司购买的该笔债券的公允价值为 31 000 000 元;2019 年年末南方有限责任公司购买的该笔债券的公允价值为 30 500 000 元。(凭证 3-7)

假设 2020 年 1 月 18 日,南方有限责任公司将所持有的宝扬股份有限公司债券全部出售,售价为 31 000 000 元,收到存款。(凭证 3-8～凭证 3-10)

要求:

(1) 根据经济业务填制原始凭证。

(2) 根据原始凭证进行会计处理并填制有关记账凭证。

(3) 根据记账凭证登记相关账簿。

债权投资的核算

任务 1:南方有限责任公司于 2020 年 1 月 5 日购入联盛有限责任公司 2019 年 1 月 1 日发行的面值 500 000 元、期限 5 年、票面利率 5%、每年年末支付利息、到期还本的债券作为债权投资,实际支付的价款为 510 000 元(含已到付息期但尚未支付的利息 25 000 元)。(凭证 3-11～凭证 3-13)

要求:

(1) 根据经济业务填制原始凭证。

(2) 根据原始凭证进行会计处理并填制有关记账凭证。

(3) 根据记账凭证登记相关账簿。

任务 2:2020 年 3 月,由于市场因素的影响,南方有限责任公司持有的、原划分为债权投资的某公司债券价格持续下跌。为此,南方有限责任公司于 4 月 1 日对外出售该债权投资的 10%,收取价款 1 100 000 元(即所出售债券的公允价值)。假定 4 月 1 日该债券出售前的账面余额(成本)为 10 000 000 元(公允价值为 11 000 000 元),不考虑债券出售等其他相关因素的影响。(凭证 3-14、凭证 3-15)

假定 4 月 20 日,南方有限责任公司将该债券全部出售,收取价款 11 500 000 元。(凭证 3-16～凭证 3-18)

要求:

(1) 根据经济业务填制原始凭证。

(2) 根据原始凭证进行会计处理并填制有关记账凭证。

(3) 根据记账凭证登记相关账簿。

任务 3:2018 年 1 月 3 日,南方有限责任公司以 10 000 元的价款(含交易费用)从二级市场购入某公司 3 年期债券,面值 12 000 元,票面利率 5%,按年支付利息(每年 600 元),本金最后一年支付,实际利率 10%。不考虑所得税、减值损失等。(凭证 3-19、凭证3-20)相关数据计算见表 3-1。

表 3-1　相关数据计算　　单位:元

年份	期初摊余成本(a)	实际利息(b)(按 10%计算)	票面利息现金流入(c)	期初摊余成本 $d=(a+b-c)$
2018 年年初				10 000
2018 年年末	10 000	1 000	600	10 400
2019 年年末	10 400	1 040	600	10 840
2020 年年末	10 840	1 760*	12 000+600	0

* 尾数调整

要求:

(1) 根据经济业务填制原始凭证。

(2) 根据原始凭证及表格内容进行会计处理并填制有关记账凭证。

(3) 根据记账凭证登记相关账簿。

其他债权投资的核算

南方有限责任公司于2019年3月8日购入宝扬股份有限公司股票100万股，占宝扬股份有限公司有表决权股份的0.5%，共支付价款5 106 000元(含交易费用6 000元、已宣告发放现金股利100 000元)。南方有限责任公司将其划分为其他债权投资。(凭证3-21、凭证3-22)

2019年3月12日，南方有限责任公司收到宝扬股份有限公司发放的现金股利100 000元。(凭证3-23)

2019年6月30日，该股票市价为5.2元/股。(凭证3-24)

2019年12月31日，该股票市价为5元/股。(凭证3-25)

2020年3月16日，宝扬股份有限公司宣告发放股利20 000 000元。(凭证3-26)

2020年3月21日，南方有限责任公司收到宝扬股份有限公司发放的现金股利。(凭证3-27)

2020年3月31日，南方有限责任公司将持有的宝扬股份有限公司股票以5元/股的价格全部出售。(凭证3-28～凭证3-30)

假设不考虑其他因素。

要求：

(1) 根据经济业务填制原始凭证。

(2) 根据原始凭证及表格内容进行会计处理并填制有关记账凭证。

(3) 根据记账凭证登记相关账簿。

长期股权投资的核算

1. 成本法核算

南方有限责任公司2020年1月6日购入腾跃股份有限公司的股票40 000股准备长期持有，占腾跃股份有限公司51%的股份。买入价为10.5元/股(含已宣告分派的现金股利0.5元/股)，另支付交易费用10 000元，以银行存款支付。不考虑其他税费。(凭证3-31～凭证3-33)

2月1日，收到购买股票时包含的现金股利20 000元。(凭证3-34)

6月30日，收到腾跃股份有限公司宣告并发放的现金股利30 000元。(凭证3-35)

7月8日，南方有限责任公司将其持有的股票以12元/股的价格出售，支付相关税费3 000元，取得价款477 000元，收存银行。该长期股权投资账面价值410 000元，不考虑其他因素。(凭证3-36～凭证3-38)

要求：

(1) 根据经济业务填制原始凭证。

(2) 根据原始凭证及表格内容进行会计处理并填制有关记账凭证。

(3) 根据记账凭证登记相关账簿。

2. 权益法核算

南方有限责任公司于2019年1月6日购买C股份有限公司发行的股票4 000 000股准备长期持有，占C股份有限公司20%的股份。买入价为5元/股，另外支付相关税费400 000元，款项以银行存款支付。此时C股份有限公司所有者权益的账面价值(与其公允价值不存在差异)为100 000 000元。(凭证3-39～凭证3-41)

2019 年年末 C 股份有限公司实现净利润 8 000 000 元。南方有限责任公司按照所持 C 股份有限公司股份的比例可确认投资收益 1 600 000 元。(凭证 3-42)

2020 年 6 月 30 日,C 股份有限公司宣告发放现金股利,每 10 股派 2 元,南方有限责任公司可分派到 800 000 元。(凭证 3-43)

2020 年 7 月 3 日,南方有限责任公司收到 C 股份有限公司分派的现金股利。(凭证 3-44)

2020 年 9 月 3 日,南方有限责任公司以 8 元/股的价格出售 C 股份有限公司的全部股票,款项收存银行。(凭证 3-45~凭证 3-47)

要求:

(1) 根据经济业务填制原始凭证。

(2) 根据原始凭证进行会计处理并填制有关记账凭证。

(3) 根据记账凭证登记相关账簿。

知识技能训练 2　固定资产的管理与核算

计算题

(1) 南方有限责任公司有一项固定资产,其原值为 250 000 元,预计能使用 4 年,预计残值为 3 000 元,预计清理费用 1 000 元。

要求:根据上述资料分别采用年限平均法、年数总和法、双倍余额递减法计算该固定资产每年的折旧额。

(2) 南方有限责任公司有一台车床,原始价值为 120 000 元,预计净残值率为 3%,预计总工时数为 30 000 工时。某月该车床使用了 300 工时,试求当月应计折旧额。

(3) 南方有限责任公司 2018 年 12 月 31 日购入的一台管理用设备,原始价值 110 000 元,原估计使用年限为 10 年,预计净残值为 6 000 元,按直线法计提折旧。由于技术进步以及更新办公设施的原因,已不能继续按原定使用年限计提折旧,于 2021 年 1 月 1 日决定将该设备的折旧年限改为 7 年,预计净残值为 2 500 元。如改按新的使用年限计提折旧后,这台设备每年的折旧额和每月的折旧额分别是多少?

业务模拟实训

任务 1:南方有限责任公司为增值税一般纳税人,适用的增值税税率为 13%,企业所得税税率为 25%。2020 年度发生下列经济业务:

(1) 2020 年 5 月 6 日,从宝扬股份有限公司购入一台需要安装的设备,发票价款为 300 000 元,增值税税额为39 000 元,运费 6 000 元,增值税税额 540 元,安装费10 000 元,上述款项用银行存款支付,设备已安装完毕并交付使用。(凭证 3-48~凭证3-52)

(2) 2020 年 5 月 8 日,接受诚信信息服务有限公司捐赠的一台全新车床,随设备附有诚信信息服务有限公司提供的增值税专用发票,载明价税合计数为 226 000 元,南方有限责任公司另用银行存款支付含税运费 1 090 元。(凭证3-53~凭证 3-56)

(3) 2020 年 6 月 1 日,用银行存款支付行政管理部门固定资产日常维修费 1 000 元。(凭证 3-58、凭证 3-59)

(4) 2020 年 12 月 31 日,对固定资产进行清查时,发现未入账设备一台,该设备的重置完全价值为 100 000 元,成新率为 80%,盘盈设备经批准后转入以前年度损益调整。

（凭证 3-57）

要求：

（1）根据经济业务填制原始凭证。

（2）根据原始凭证填制有关记账凭证。

（3）根据记账凭证登记相关账簿。

任务 2：南方有限责任公司从兴华有限责任公司购入一台不需要安装的设备，增值税专用发票上注明的设备买价为 150 000 元，增值税税额为 19 500 元，支付运费 1 500 元，运费增值税税额 135 元。上述款项已用银行存款支付，设备已运回投入生产。（凭证 3-60～凭证 3-62）

要求：

（1）根据经济业务填制原始凭证。

（2）根据原始凭证填制有关记账凭证。

（3）根据记账凭证登记相关账簿。

任务 3：南方有限责任公司为增值税一般纳税人，适用的增值税税率为 13%，2019—2020 年发生的有关固定资产的经济业务如下，价格中均不含税：

（1）2019 年 6 月 1 日，自行建造一条生产线。建造过程中领用工程物资 300 万元，领用生产用原材料 200 万元，发生人工工资 80 万元，用银行存款支付其他相关税费 40 万元（非增值税税费），以上支出全部符合资本化条件。

（2）2019 年 6 月 30 日，该生产线达到预定可使用状态，采用直线法计提折旧，预计使用年限为 10 年，预计净残值为 20 万元。

（3）2019 年 12 月 5 日，公司决定对现有生产线进行改扩建，以提高其生产能力。共发生材料支出 100 万元，人工支出 20 万元，更换部件 24 万元，其中更换的新部件价值 10 万元符合固定资产的确认条件。预计还可以使用 10 年，净残值为 12 万元。

（4）2020 年 1 月 1 日，所改生产线对外经营出租，租期为 1 年，每月租金 6 万元。

（5）2020 年 12 月 31 日，南方有限责任公司将一台设备出售，该设备已计提折旧 90 万元，其账面余额为 380 万元，取得处置收入 410 万元存入银行，支付清理费用 5 万元，假定不考虑相关税费的影响。（凭证 3-63～凭证 3-64）

要求：

（1）根据经济业务填制原始凭证。

（2）根据原始凭证填制有关记账凭证。

（3）根据记账凭证登记相关账簿。

任务 4：南方有限责任公司为降低采购成本，向宝扬股份有限公司一次购进了 4 套不同型号的且具有不同生产能力的设备甲、乙、丙和丁。南方有限责任公司为该组设备共支付货款500 000 元，增值税税额 65 000 元，运输费 15 000 元，增值税税额 1 350 元，全部以银行存款支付。假定设备甲、乙、丙和丁均满足固定资产的定义及确认条件，公允价值（含增值税）分别为250 000 元、100 000 元、220 000 元和 80 000 元；不考虑其他相关税费。（凭证 3-65～凭证 3-68）

要求：

（1）确定设备甲、乙、丙和丁各自的入账价值。

（2）根据经济业务填制原始凭证。

（3）根据原始凭证填制有关记账凭证。

（4）根据记账凭证登记相关账簿。

任务 5:南方有限责任公司有一台设备,原值为 560 000 元,已提折旧 400 000 元,用银行存款支付清理费用 4 500 元,以 200 000 元的价格出售给立元有限责任公司(不计增值税),所得款项存入银行。(凭证 3-69～凭证 3-72)

要求:

（1）根据经济业务填制原始凭证。

（2）根据原始凭证填制有关记账凭证。

（3）根据记账凭证登记相关账簿。

任务 6:南方有限责任公司于 2020 年 3 月对某生产线进行改造。该生产线的账面原价为 1 500 万元,已计提折旧 300 万元,2019 年 12 月 31 日该生产线计提减值准备 100 万元,在改造过程中,被替换部分设备取得变价收入 10 万元,领用工程物资 60 万元,发生人工费用 20 万元,耗用水电等其他费用 6 万元。在试运行中取得试运行净收入 5 万元。该生产线 2020 年 12 月 31 日改造完成并投入使用。改造后的生产线使其生产能力和产品质量得到实质性的提高。(凭证 3-73～凭证 3-81)

要求:

（1）根据经济业务填制原始凭证。

（2）根据原始凭证填制有关记账凭证。

（3）根据记账凭证登记相关账簿。

任务 7:2020 年 1 月南方有限责任公司对某车间进行维修,维修过程中领用原材料一批,价值为 20 000 元,为购买该批原材料支付的增值税进项税额为 2 600 元;另支付维修人员工资 5 000 元。(凭证 3-82、凭证 3-83)

要求:

（1）根据经济业务填制原始凭证。

（2）根据原始凭证填制有关记账凭证。

（3）根据记账凭证登记相关账簿。

任务 8:2020 年 12 月 31 日,南方有限责任公司对一台设备进行检查时发现其可能发生减值。该设备目前的公允价值总额为 2 000 000 元,尚可使用 5 年,预计在未来 4 年内每年产生的现金流量为 500 000 元,第 5 年产生的现金流量以及使用寿命终了处置后形成的现金流量合计为 510 000 元;在考虑相关风险的基础上,公司决定采用 6% 的折现率。假设 2020 年 12 月 31 日该设备的账面价值为 2 300 000 元,以前年度没有计提固定资产减值准备。(凭证 3-84)

要求:

（1）计算该设备应计提的固定资产减值准备金额。

（2）根据经济业务填制原始凭证。

（3）根据原始凭证填制有关记账凭证。

（4）根据记账凭证登记相关账簿。

知识技能训练 3 无形资产和其他长期资产的管理与核算

计算题

(1) 南方有限责任公司 2018 年 4 月 10 日购入一项专利权，实际支付的买价及相关费用为 600 万元，摊销年限为 5 年。2020 年 3 月 10 日，南方有限责任公司将其对外转让，取得价款 300 万元，适用的增值税税率为 6%。南方有限责任公司未对该项专利权计提减值准备，转让过程也没有发生其他相关费用。请计算转让该无形资产的净损益。

(2) 南方有限责任公司 2020 年 1 月 1 日购入一项无形资产。该无形资产的实际成本为 500 万元，摊销年限为 10 年。2020 年 12 月 31 日，该无形资产发生减值，可收回金额为 180 万元。计提减值准备后，假定该无形资产原摊销年限不变。试计算 2020 年该无形资产的账面余额。

(3) 南方有限责任公司在筹建期间发生如下支出：工资 50 万元，其中研发 W 专利项目人员工资 10 万元；注册登记、验资费用 5 万元；办公费用 15 万元；利息支出 30 万元，其中可以资本化的 20 万元。试计算南方有限责任公司的长期待摊费用。

业务模拟实训

任务 1：南方有限责任公司自行开发并按法律程序申请一项专利权，取得时用银行存款支付注册费 80 000 元。该专利权在研制过程中发生材料费 100 000 元，开发人员工资 50 000 元。(凭证 3-85～凭证 3-88)

要求：

(1) 根据经济业务填制空白凭证。

(2) 根据原始凭证填制记账凭证。

(3) 根据记账凭证登记相关账簿。

任务 2：南方有限责任公司接受宝扬股份有限公司的一项专利权作为投资，双方确定的价值为1 000 000 元，已办妥相关手续。(凭证 3-89)

要求：

(1) 根据原始凭证填制记账凭证。

(2) 根据记账凭证登记相关账簿。

任务 3：南方有限责任公司开出转账支票用于厂部运输设备大修理支出 19 200 元，该运输设备的大修理间隔期为 2 年。(凭证 3-90、凭证 3-91)

要求：

(1) 根据经济业务填制空白凭证。

(2) 根据原始凭证填制记账凭证。

(3) 根据记账凭证登记相关账簿。

任务 4：2020 年 12 月 6 日，南方有限责任公司出售一项专利权的所有权，出售价格 150 000 元，适用的增值税税率 6%。出售时无形资产的账面余额 120 000 元，累计摊销 10 000 元，计提减值准备 4 000 元。(凭证 3-92～凭证 3-94)

要求：

(1) 根据经济业务填制空白凭证。

(2) 根据原始凭证填制记账凭证。

(3) 根据记账凭证登记相关账簿。

模块 4　综合业务的管理与核算

模块 4-1　实务训练要点和难点

1. 实务训练要点

（1）工资薪金的管理和核算。

（2）短期借款和长期借款的核算。

（3）期间费用的管理和核算。

（4）几种常见税种的计算和核算。

2. 实务训练难点

（1）工资薪金的管理和核算。工资薪金的管理和核算包括工资薪金的构成、内容、使用范围及其明细分类核算，并要求掌握应付职工薪酬的主要账务处理。

（2）几种常见税种的计算和核算。常见税种的计算和核算包括增值税、消费税以及其他几种税种的计算和会计核算，特别是增值税的进项税额、销项税额在不同情况下如何进行会计处理，委托加工物资的消费税的会计处理等。

模块 4-2　实务训练要求、程序、目的

1. 实务训练要求

学生通过对本模块的学习，应了解工资薪金的构成、熟练掌握期间费用和各项税费的核算。

2. 实务训练程序

学生根据实训要求掌握本模块中短期借款、期间费用、应交税费及应付职工薪酬具体内容的相关会计核算，进而重点掌握本模块学习的关键问题，即本模块学习的重点内容。

3. 实务训练目的

学生通过对本模块原始凭证和记账凭证的认识和具体操作实训，基本能将所学的理论知识联系实际，更好地运用到实际工作中去。

模块 4-3 工作任务训练

知识技能训练 1 职工薪酬的管理与核算

南方有限责任公司主要有 A、B、C 三种产品，2020 年 7 月有关职工薪酬的业务如下：

(1) 10 日，提取现金 403 120 元，准备发放工资。(凭证 4-1)

(2) 10 日，根据工资结算汇总表发放工资。(凭证 4-2)

(3) 10 日，交纳个人所得税，交纳住房公积金及社保(包括个人部分和单位部分，个人和单位的交纳比例相同)。(凭证 4-3、凭证 4-4)

(4) 15 日，根据本人申请，经领导研究，发给职工唐南生活困难补助 3 000 元，以现金支付。(凭证 4-5、凭证 4-6)

(5) 该公司为两名高级管理人员每人租赁一套公寓，月租每套 1 500 元。18 日，开出现金支票支付该租金。(凭证 4-7、凭证 4-8)

(6) 20 日，职工陈金外出参加培训，报销培训费 1 700 元，以现金支票付给。(凭证 4-9、凭证 4-10)

(7) 30 日，结转本月工资薪金，并按比例提取住房公积金、社保等。(凭证 4-11)

(8) 30 日，分别提取福利费、工会经费、职工培训费。(凭证 4-12)

要求：

(1) 根据经济业务填制原始凭证。

(2) 根据原始凭证填制有关记账凭证。

(3) 根据记账凭证登记相关账簿。

知识技能训练 2 借款的管理与核算

南方有限责任公司于 2020 年 7 月 1 日向工商银行借入一笔生产经营用短期借款，共计 150 000 元；期限 3 个月，年利率 6%。根据与银行签署的借款协议，该项借款的本金到期后一次归还；利息分月预提，按季支付。

(1) 7 月 1 日借入短期借款。(凭证 4-13)

(2) 7 月末，计提 7 月份应计利息。(凭证 4-14)

(3) 8 月末，计提 8 月份应计利息。(凭证 4-15)

(4) 9 月末支付季度银行借款利息。(凭证 4-16)

(5) 9 月 30 日，归还借款本金及最后一季度利息。(凭证 4-17、凭证 4-18)

要求：

(1) 根据经济业务填制原始凭证。

(2) 根据原始凭证填制有关记账凭证。

（3）根据记账凭证登记相关账簿。

知识技能训练 3　期间费用的管理与核算

南方有限责任公司 2020 年 8 月份发生以下经济业务：

（1）结转本月专设销售机构职工工资及福利费 5 700 元，其中：工资 50 000 元，福利费 7 000 元。（凭证 4-19）

（2）计提行政管理部门固定资产折旧费 2 000 元，并按规定计提行政管理部门用房的修理费 500 元。（凭证 4-20）

（3）用银行存款支付短期借款利息 2 340 元。（凭证 4-21）

要求：

（1）根据经济业务填制原始凭证。

（2）根据原始凭证填制有关记账凭证。

（3）根据记账凭证登记相关账簿。

知识技能训练 4　应交税费的管理与核算

任务 1：南方有限责任公司为增值税一般纳税人，增值税税率为 13%，存货按实际成本计价核算，2020 年 9 月发生有关增值税（本题不考虑应交的其他税费）业务如下：

（1）14 日，向兴华有限责任公司购进生产用 M 材料一批，取得的增值税专用发票注明其买价为 500 000 元，增值税税额 65 000 元，同时支付对方代垫运输费，运输费用增值税专用发票注明价款为 20 000 元，增值税税额 1 800 元。材料已验收入库，价税款以转账支票支付。（凭证 4-22～凭证 4-25）

（2）20 日，收购免税农产品 B 一批，用于产品生产，收购价为 120 000 元，产品尚未入库，收购款以现金支票付给。（凭证 4-26、凭证 4-27）

（3）22 日，从华润水泥公司购进固定资产建设工程用水泥一批，增值税专用发票注明其价款为 200 000 元，增值税税额 26 000 元，价税款尚未给付。（凭证 4-28）

（4）24 日，向希望小学捐赠教学工具 1 000 箱，成本为 80 000 元，计税售价为 100 000 元。（凭证 4-29、凭证 4-30）

（5）24 日，销售产成品 A 一批，计销售收入 1 200 000 元，增值税税额 156 000 元，价税款收存银行。（凭证 4-31～凭证 4-34）

（6）26 日，医务福利部门领用库存原材料 N 一批 90 000 元（应负担进项增值税税额 14 400 元）。（凭证 4-35）

（7）27 日，发生委托加工材料加工费为 10 000 元，增值税税额 1 300 元，取得增值税专用发票，款项尚未支付。（凭证 4-36）

（8）30 日，以转账支票上交增值税 100 000 元。（凭证 4-37、凭证 4-38）

（9）30 日，计算月末未交或多交增值税，进行结转，并申报纳税。（凭证 4-39、凭证 4-40）

要求：

（1）根据经济业务填制原始凭证。

（2）根据原始凭证填制有关记账凭证。

（3）根据记账凭证登记相关账簿。

任务2：南方有限责任公司2020年9月发生经济业务如下：

（1）10日，向联泰有限责任公司销售甲产品，价款为80 000元，增值税税额10 400元，该产品消费税税率为10%。已办妥托收承付手续。（凭证4-41～凭证4-43）

（2）15日，南方有限责任公司以现金一次性购买印花税票800元。（凭证4-44）

（3）30日，南方有限责任公司本年度应纳房产税（厂房）余值为30万元，按房产税税率1.2%计算应纳的房产税为3 600元，南方有限责任公司全年应纳房产税一次列入费用。（凭证4-45）

（4）30日，南方有限责任公司的城市维护建设税税率7%，教育费附加征收率3%。计算结转南方有限责任公司本月应交城市维护建设税和应交教育费附加。（凭证4-46）

要求：

（1）根据经济业务填制原始凭证。

（2）根据原始凭证填制有关记账凭证。

（3）根据记账凭证登记相关账簿。

模块 5　财务成果的管理与核算

模块 5-1　实务训练要点和难点

1. 实务训练要点

(1) 所有者权益的含义和内容。

(2) 实收资本、资本公积、留存收益的核算。

(3) 所得税费用和利润形成的核算。

(4) 税后利润分配和年终转账核算。

微课

手工账月末结账　　手工账月末结转(损益账务处理)

2. 实务训练难点

(1) 实收资本(股本)的核算。学生要理解实收资本(股本)的含义以及与注册资本、投入资金等说法的区别,正确理解、准确掌握实收资本(股本)的增减变动情况、法律规定和相应的账务处理程序。学生在核算时要注意:①投入资本的类型:根据不同的类型区别对待;②实际收到的货币资金或者非货币资产的公允价值并不一定就是实收资本的入账金额,要按照协议确定的股份比例入账。

(2) 资本公积的核算。资本公积是企业收到的投资者出资超出其在注册资本中所占份额的投资,以及可以直接计入所有者权益的利得和损失等。资本公积主要包括:①资本(或股本)溢价的核算;②其他资本公积的核算;③资本公积转增资本的核算。

(3) 留存收益的核算。所有者权益按照来源不同可以分为原始投入部分和经营中形成部分,留存收益就是企业通过经营获得利润后分配留存的部分。留存收益内容包括盈余公积和未分配利润两部分。盈余公积的核算包括提取业务和使用业务,而盈余公积的使用业务又可分为盈余公积补亏、转增资本和发放现金股利或利润。

(4) 所得税费用的核算。所得税是根据企业应纳税所得额的一定比例上交的一种税金。企业每一期间的所得税费用是以资产、负债的计税基础为前提的,企业在取得资产、负债时,应当确定其计税基础。资产的计税基础是指企业收回资产账面价值过程中,计算应纳税所得额时按照税法规定可以从应税经济利益中抵扣的金额。负债的计税基础是指负债的账面价值减去未来期间计算应纳税所得额时按照税法规定可予抵扣的金额。

(5) 利润的核算。利润是指企业在一定会计期间的经营成果。利润包括收入减去费用后的净额、直接计入当期利润的利得和损失等。

利润总额的计算公式如下：

营业利润＝营业收入－营业成本－税金及附加－销售费用－管理费用－财务费用－信用减值损失－资产减值损失±公允价值变动收益(损失)±投资收益(损失)＋其他收益±资产处置收益(损失)±净敞口套期收益(损失)

利润总额＝营业利润＋营业外收入－营业外支出

净利润＝利润总额－所得税费用

模块 5-2　实务训练要求、程序、目的

1. 实务训练要求

学生通过对本模块的学习，应了解企业所有者权益的含义和内容，了解相应的法律规定；掌握实收资本(股本)、资本公积、盈余公积和未分配利润的核算方法和程序；掌握利润的构成内容及结转本年利润的会计处理。

2. 实务训练程序

学生根据实训要求掌握本模块相关知识的基本概念，进而重点掌握本模块学习的关键问题，即本模块学习的重点内容，最后达到对本模块内容能够综合掌握、灵活运用的目的。

3. 实务训练目的

学生通过本模块相关知识的具体操作实训，基本能将所学的所有者权益项目的核算和利润的结转熟练应用，并在实际工作中融会贯通。

模块 5-3　工作任务训练

知识技能训练 1　所有者权益的管理与核算

实收资本的核算

聚信有限责任公司、宝扬股份有限公司、诚信信息服务有限公司三家公司共同出资创立了南方有限责任公司，公司注册资本 200 万元，聚信有限责任公司、宝扬股份有限公司、诚信信息服务有限公司三家公司出资比例依次为 30%、30%、40%。南方有限责任公司的具体业务资料如下：

(1) 10 月 5 日，收到聚信有限责任公司交来的投资款 60 万元，款已存银行。(凭证 5-1)

(2) 10 月 12 日，收到宝扬股份有限公司投资转入的钢材一批，对方提供的增值税专用

发票列示材料价款为 539 600 元，增值税税额 70 148 元，已办妥移交手续并验收入库。（凭证 5-2、凭证 5-3）

（3）11 月 25 日，办妥诚信信息服务有限公司投入的专利技术相关手续，该技术作价 50 万元，增值税税额 3 万元。同时，收到该公司转来的转账支票一张 30 万元。（凭证 5-4～凭证 5-8）

要求：

（1）根据经济业务填制原始凭证。

（2）根据原始凭证填制有关记账凭证。

（3）根据记账凭证登记相关账簿。

股本的核算

任务 1：联华股份有限公司为股份有限公司，2020 年经批准，增发普通股股票，每股面值 1 元，认购价 3 元。委托某证券公司代为发行，按发行收入的 2%支付证券公司佣金，从发行收入中直接扣除。11 月 20 日发行结束，共认购 5 000 000 股，收到发行机构扣除佣金后转来的发行款项存入银行（其他税费略）。（凭证 5-9、凭证 5-10）

任务 2：立飞股份有限公司以 8 000 股普通股（面值 20 元）换取聚信有限责任公司的一项专用设备，该设备原账面价值 240 000 元，已提折旧 30 000 元，双方认可的评估价值为 250 000 元。（凭证5-11～凭证 5-13）

任务 3：永华股份有限公司 2019 年 12 月 31 日共有普通股股本 5 000 000 股，每股面值 10 元，资本公积——股本溢价账面余额 4 500 000 元，盈余公积余额 12 000 000 元，未分配利润1 500 000 元。2020 年 10 月开出转账支票，以每股 15 元购回本公司的普通股 1 000 000 股，并予以注销。（凭证 5-14～凭证 5-16）

要求：

（1）根据经济业务填制原始凭证。

（2）根据原始凭证填制有关记账凭证。

（3）根据记账凭证登记相关账簿。

资本公积的核算

任务 1：南方有限责任公司由甲、乙、丙三位股东各自出资 100 万元设立，设立时实收资本为 300 万元。3 年后该企业的留存收益为 150 万元，这时有丁投资者有意出资 180 万元而占企业股份的 25%，得到公司原有股东认可，2020 年 10 月 12 日收到丁转来的一张支票。（凭证 5-17～凭证 5-19）

任务 2：C 股份有限公司经批准发行股票 1 000 万股，股票发行事宜委托某证券公司办理，每股面值 1 元，发行价 3.9 元，发行费用按 5‰从发行收入中直接扣除。证券公司已将 1 000 万股全部发行完毕，收到股票发行款。（凭证 5-20、凭证 5-21）

盈余公积的核算

2020 年南方有限责任公司发生下列有关盈余公积的经济业务：

（1）全年共实现净利润 120 万元，按要求计提法定盈余公积，按 8%的比例计提任意盈余公积。（注：假设 2020 年 1—11 月未提盈余公积）（凭证 5-22）

（2）上年未弥补完的七年前亏损 13.5 万元，经董事会研究以任意盈余公积弥补。（凭证 5-23）

（3）企业有四个法人投资者 P、Q、S、T，其投资比例为 3∶2∶2∶3，现将资本公积 30 万元、盈余公积 70 万元按投资比例转增资本。（凭证 5-24、凭证 5-25）

要求：

（1）根据经济业务填制原始凭证。

（2）根据原始凭证填制有关记账凭证。

（3）根据记账凭证登记相关账簿。

所有者权益的核算

南方有限责任公司 2020 年度的有关资料如下：

（1）年初未分配利润为 500 万元，本年利润总额为 1 200 万元，适用的企业所得税税率为 25%。当年按税法规定的全年计税工资为 200 万元，南方有限责任公司全年实发工资 270 万元。经查，南方有限责任公司当年营业外支出中有 30 万元为税款滞纳罚金。除此之外，不存在其他纳税调整因素。（凭证 5-26）

（2）按税后利润的 10%提取法定盈余公积。

（3）提取任意盈余公积 100 万元。

（4）向投资者宣告分配现金股利 500 万元。

要求：

（1）计算填列南方有限责任公司利润分配明细表，并编制确认所得税费用、结转所得税和结转本年利润的会计分录。

（2）根据原始凭证填制有关记账凭证。

（3）根据记账凭证登记相关账簿。

知识技能训练 2　利润形成与分配的管理与核算

所得税的核算

任务 1：南方有限责任公司 2020 年 12 月 1 日购入一台价值 150 000 万元不需要安装的设备。该设备预计使用期限为 5 年，期末无残值。该公司会计上采用直线法计提折旧，而税法规定采用年数总和法计提折旧，该公司各年均实现会计利润 200 000 元。公司无其他纳税调整项目，所得税税率为 25%。计算 2020 年南方有限责任公司应缴企业所得税。（凭证 5-27）

要求：

（1）根据经济业务填制原始凭证。

（2）根据原始凭证填制有关记账凭证。

（3）根据记账凭证登记相关账簿。

任务 2：南方有限责任公司 2020 年度实现利润总额为 8 000 万元。2020 年度公司实际发生业务招待费 80 万元，按税法规定允许抵扣的金额为 70 万元；国债利息收入为 2 万元；其他按税法规定不允许抵扣的金额为 20 万元，无其他调整事项，所得税税率为 25%。计算 2020 年度的所得税费用和应缴的所得税。（凭证 5-28）

要求：

（1）根据经济业务填制原始凭证。

（2）根据原始凭证填制有关记账凭证。

(3) 根据记账凭证登记相关账簿。

税后利润分配的核算

南方有限责任公司是由 A、B、C 公司共同出资设立的企业。2020 年年初经注册会计师审计确认的各出资者出资情况见表 5-1。

表 5-1　投资明细表　　单位：元

出资者名称	出资比例	货币	固定资产	无形资产
A 公司	45%		150	300
B 公司	40%	400		
C 公司	15%	150		

2020 年度，南方有限责任公司实现利润 100 万元(免交所得税)，按 10%和 5%提取法定盈余公积和任意盈余公积，向投资者分配利润 60 万元。(凭证 5-29～凭证 5-31)

要求：

(1) 根据经济业务填制原始凭证。

(2) 根据原始凭证填制有关记账凭证。

(3) 根据记账凭证登记相关账簿。

年终转账的核算

南方有限责任公司年终结账前有关损益类科目的年末余额见表 5-2。(凭证 5-32)

表 5-2　损益类科目年末余额表　　单位：元

收入科目	结账前期末贷方余额	费用科目	结账前期末借方余额
主营业务收入	950 000	主营业务成本	650 000
其他业务收入	200 000	其他业务成本	150 000
投资收益	15 000	税金及附加	36 000
营业外收入	41 500	销售费用	40 000
		管理费用	120 000
		财务费用	25 000
		营业外支出	70 000
		资产处置损益	20 000
		信用减值损失	8 000

要求：

(1) 根据经济业务结转账务(填制原始凭证)。

(2) 根据原始凭证填制有关记账凭证。

(3) 根据记账凭证登记相关账簿。

利润综合核算

南方有限责任公司为增值税一般纳税人，适用的增值税税率为 13%，产品销售价款中均不含增值税额。南方有限责任公司适用的所得税税率为 25%。产品销售成本按经济业务逐项结转。

2020 年度，南方有限责任公司发生如下经济业务：

（1）销售 A 产品一批，产品销售价款为 800 000 元，产品销售成本为 350 000 元，产品已经发出，并开具了增值税专用发票，同时向银行办妥了托收手续。（凭证 5-33～凭证 5-35）

（2）收到宝扬股份有限公司因产品质量问题退回的乙材料一批，并验收入库。南方有限责任公司用转账支票支付了退货款，并按规定向 B 公司开具了红字增值税专用发票。

该退货系南方有限责任公司 2020 年 12 月 20 日以提供现金折扣方式（折扣条件为：2/10、1/20、n/30，折扣仅限于销售价款部分，公司预计宝扬公司 10 日内付款的概率为 90%）出售给宝扬股份有限公司的，产品销售价款为 40 000 元，产品销售成本为 22 000 元。2020 年 12 月 25 日收到销售货款并存入银行。（该项退货不属于资产负债表日后事项）（凭证 5-36～凭证 5-39）

（3）委托诚信信息服务有限公司代销一批 A 产品，并将该批产品交付诚信信息服务有限公司。代销合同规定南方有限责任公司按售价的 10% 向诚信信息服务有限公司支付手续费，该批产品的销售价款为 120 000 元，产品销售成本为 66 000 元。（凭证 5-40、凭证 5-41）

（4）南方有限责任公司收到了诚信信息服务有限公司的代销清单。诚信信息服务有限公司已将代销的产品全部售出，款项尚未支付给南方有限责任公司。南方有限责任公司在收到代销清单时向诚信信息服务有限公司开具了增值税专用发票，并按合同规定确认应向诚信信息服务有限公司支付的代销手续费。（凭证 5-42、凭证 5-43）

（5）用转账支票支付管理费用 67 800 元，计提坏账准备 4 000 元。（凭证 5-44、凭证 5-45）

（6）根据应缴纳的增值税税额和消费税税额，计算应交的城市维护建设税（税率 7%）和应交的教育费附加（税率 3%）。（凭证 5-46）

（7）计算应交所得税（假定南方有限责任公司不存在纳税调整因素）。（凭证 5-47）

（8）结转本年利润（南方有限责任公司年末一次性结转损益类科目）。（凭证 5-48）

要求：

（1）根据经济业务填制原始凭证。

（2）根据原始凭证填制有关记账凭证。

（3）根据记账凭证登记相关账簿。

模块 6　财务报表的编制与报告

模块 6-1　实务训练要点和难点

1. 实务训练要求

(1) 掌握资产负债表的内容和编制方法。

(2) 掌握利润表的内容和编制方法。

(3) 掌握现金流量表的内容和编制方法。

2. 实务训练难点

1) 资产负债表

按照我国会计制度规定,资产负债表采用账户式结构。账户式资产负债表,是将资产负债表的项目分为左右两方,将资产项目列在报表的左方,负债及所有者权益列在报表的右方,使用的是“资产=负债+所有者权益”的会计平衡公式。资产负债表各项目“期末余额”的数据来源于每月末,结账后的总分类账和明细分类账期末余额,可通过以下几种方法填列。

(1) 直接根据总分类账户的余额填列。

(2) 根据几个总分类账户余额计算填列。

(3) 根据有关明细分类账户余额计算填列。

(4) 根据总分类账户和明细分类账户的余额分析计算填列。

(5) 根据有关账户余额与其备抵账户抵销后的净额填列。

2) 利润表

按照我国企业会计制度规定,利润表应采用多步式利润表结构。多步式利润表是通过对当期的收入、费用项目按性质加以归类,按利润形成的重要环节列示一些中间性指标,如营业利润、利润总额、净利润等。正表部分是利润表的主体和核心,按利润的形成过程顺序排列,包括构成营业利润的各项要素、构成利润总额或亏损总额的各项要素、构成净利润(或净亏损)的各项要素、每股收益的各项要素。

3) 现金流量表

现金流量通常按企业经营业务的性质分为三类,即经营活动产生的现金流量、投资活动产生的现金流量和筹资活动产生的现金流量。现金流量表各项目的内容及填列方法:现金流量表基本部分(主表)中企业应当采用直接法列示经营活动产生的现金流量,现金流量表补充资料中按间接法计算经营活动的现金流量净额与基本部分中按直接法计算的结果进行核对,具体可采用现金流量台账法或工作底稿法。

模块 6-2 实务训练要求、程序、目的

1. 实务训练要求

学生通过对本模块的学习，要求掌握资产负债表的内容、结构和编制方法；掌握利润表的内容、结构和编制方法；掌握现金流量表的内容、结构和编制方法。

2. 实务训练程序

学生根据实训要求掌握资产负债表、利润表、现金流量表的结构，进而掌握报表中各具体项目的内容，最后掌握报表的各种编制方法。

3. 实务训练目的

学生通过本模块相关知识的具体操作实训，能将所学的报表内容和编制方法，理论联系实际，更好地运用到实际工作中去。

微课

编制科目汇总表　编制试算平衡表　编制资产负债表　编制利润表

模块 6-3 工作任务训练

知识技能训练 资产负债表的编制、利润表的编制、现金流量表的编制

南方有限责任公司是一家生产制造型企业，为增值税一般纳税人，增值税税率为13%，所得税税率为25%，2020 年 12 月 1 日有关会计账户各科目余额见表 6-1。

表 6-1 科目余额表　　单位：元

编号	科目名称	借方金额	编号	科目名称	贷方金额
1001	库存现金	8 320	2001	短期借款	762 000
1002	银行存款	4 591 000	2201	应付票据	1 830 000
1012	其他货币资金	236 000	2202	应付账款	1 311 800
1101	交易性金融资产	325 000	2211	应付职工薪酬	342 000
1121	应收票据	698 000	2221	应交税费	220 000
1122	应收账款	1 881 900	2231	应付利息	24 200
1231	坏账准备	−5 741	2241	其他应付款	564 600
1123	预付账款	415 000	2501	长期借款	2 500 000

（续表）

编号	科目名称	借方金额	编号	科目名称	贷方金额
1131	应收股利	125 300		其中：一年内到期的长期借款	1 500 000
1221	其他应收款	32 000	4001	实收资本	15 000 000
1403	原材料	1 841 681	4002	资本公积	531 000
1404	周转材料	356 000	4101	盈余公积	403 200
1405	库存商品	3 800 000	4104	利润分配	
1511	长期股权投资	720 000		（未分配利润）	450 660
1521	投资性房地产	1 700 000			
1522	投资性房地产累计折旧	−175 000			
1601	固定资产	4 300 000			
1602	累计折旧	−1 060 000			
1604	在建工程	3 500 000			
1701	无形资产	1 630 000			
1801	长期待摊费用	520 000			
	合　计	25 439 460		合　计	25 439 460

2020 年 12 月公司发生如下经济业务：

(1) 12 月 1 日，购入生产用原材料一批，以银行存款支付材料价款 1 754 000 元，增值税税额 228 020 元，材料已经验收入库。

(2) 12 月 1 日，收到银行通知，以银行存款支付到期的商业承兑汇票款 330 000 元。

(3) 12 月 2 号，从银行借入 3 年期借款 2 000 000 元，已存入本公司的账户。

(4) 12 月 2 号，销售商品一批，销售价款为 3 500 000 元，增值税税额 455 000 元，款项已收妥。该批产品的实际成本 2 450 000 元。

(5) 12 月 2 号，将到期的一张面值为 600 000 元的无息银行承兑汇票，连同解讫通知和进账单交银行办理转账，款项已收妥。

(6) 12 月 3 号，购入原材料一批，增值税专用发票上注明的材料价款为 300 000 元，增值税税额 39 000 元，款项尚未支付，原材料已经验收入库。

(7) 12 月 3 日，购入不需要安装的设备一台，价款 120 000 元，增值税税额 15 600 元，包装费 3 000 元，全部款项以银行存款支付，设备已交付使用。

(8) 12 月 3 日，购入在建厂房用工程物资一批，价格 610 000 元，增值税税额 79 300 元，以银行存款支付。

(9) 12 月 3 日，以银行存款支付广告费 130 000 元。

(10) 12 月 3 日，销售商品一批，销售价款 900 000 元，增值税税额 117 000 元，收到商业承兑汇票一张 500 000 元，其余款项未收。该批产品的实际成本 630 000 元。

(11) 12 月 3 日，以银行存款偿还到期的长期借款 1 500 000 元。

(12) 12 月 4 日，收到银行通知，前欠本公司的购货款 460 000 元已收入本公司账户。

(13) 12 月 4 日，公司出售不需用的原材料一批，售价为 160 000 元，增值税税额

20 800 元，该批原材料的实际成本为 147 000 元，款项已通过银行收妥。

（14）12 月 6 日，用银行存款归还短期借款 600 000 元。

（15）12 月 15 日，税务局从银行账户扣减上月应缴未缴增值税税额 200 000 元，城市维护建设税14 000 元，教育附加费 6 000 元。

（16）12 月 15 日，以银行存款 1 500 000 元支付职工工资，其中：生产工人工资 720 000 元，车间管理人员工资 300 000 元，行政管理人员工资 180 000 元，在建工程人员工资 300 000 元。

（17）12 月 15 日，提取职工福利费 210 000 元，其中：生产工人福利费 100 800 元，车间管理人员福利费 42 000 元，行政管理部门福利费 25 200 元，在建工程应负担的福利费 42 000 元。

（18）12 月 15 日，基本生产领用原材料实际成本为 1 820 000 元，领用低值易耗品实际成本 160 000 元。

（19）12 月 20 日，计提应计入本期损益的短期借款利息 7 500 元，计提应计入在建工程的长期借款利息 225 000 元（不考虑利率差异）。

（20）12 月 20 日，计提固定资产折旧 150 000 元。其中：计入制造费用 120 000 元，计入管理费用 30 000 元。

（21）12 月 20 日，摊销无形资产 150 000 元，摊销固定资产改良支出（已计入长期待摊费用）120 000 元。

（22）12 月 20 日，提取坏账准备 420 元。

（23）12 月 23 日，公司将账面成本为 125 000 元的交易性金融资产出售，售价 130 000 元，全部存入本公司账户，未发生公允价值变动。（不考虑增值税）

（24）12 月 25 日，用银行存款支付前欠货款 975 000 元。

（25）12 月 25 日，以银行存款支付职工医疗费 114 000 元，以现金支付职工医疗费 1 000 元。

（26）12 月 28 日，计算本月应交纳的增值税并进行账务处理。

（27）12 月 30 日，根据本月应交纳的增值税计提相关附加税费，其中：7%城市维护建设税，3%教育附加费，2%地方教育附加费。

（28）年末交易性金融资产的公允价值为 180 000 元。

（29）结转制造费用 462 000 元，结转本期完工产品成本 3 262 800 元（假设期初、期末无在产品）。

（30）将各损益类账户的余额结转到“本年利润”账户。

（31）考虑纳税调整项目后，计算应交所得税 161 793.60 元。

（32）将“本年利润”账户的余额转入“利润分配”账户。

（33）经董事会决议，按照 10%提取法定盈余公积金。

（34）将“利润分配”各明细账户的余额转入“未分配利润”明细账户。

要求：

（1）上述业务编制会计分录。

（2）根据会计分录编制 2020 年 12 月试算平衡表。

（3）根据试算平衡表编制 2020 年 12 月资产负债表、利润表。

附录 实训用纸

模块 1

凭证 1-1

银行存款余额调节表

2020年1月31日 单位：元

项 目	金额	项 目	金额
调节后的存款余额		调节后的存款余额	

凭证 1-2

中国工商银行（ ）
现金支票存根

BB 02 00000000

附加信息

出票日期 年 月 日

收款人：	
金 额：	
用 途：	

单位主管 会计

本支票付款期限十天

中国工商银行 现金支票（ ） 地名 BB 02 00000000

出票日期（大写） 年 月 日 付款行名称：
收款人： 出票人账号：

人民币（大写）	亿	千	百	十	万	千	百	十	元	角	分

用途

上述款项请从
我账户内支付
出票人签章 复核 记账

凭证 1-3

广州市电信局 电话费账单

2020年1月

账号：XB280 电话：020-38883000

国内话费	国际话费	港澳话费	市内话费	手续费	合计
500	300	200	800		1 800

凭证 1-4

专用委托收款结算凭证（第三联）

委托号码：总字第108号

委托日期：2020年1月2日 付款日期：2020年1月3日

<table>
<tr><td rowspan="3">收款单位</td><td>全称</td><td colspan="2">广州市电信局</td><td rowspan="3">付款单位</td><td>全称</td><td colspan="10">南方有限责任公司</td></tr>
<tr><td>账号或地址</td><td colspan="2">3602023919200105105</td><td>账号</td><td colspan="10">3602033919235103205</td></tr>
<tr><td>开户银行</td><td colspan="2">工行广州天河支行</td><td>开户银行</td><td colspan="10">工商银行桥南办事处</td></tr>
<tr><td rowspan="2">委托金额</td><td rowspan="2">人民币（大写）</td><td colspan="4" rowspan="2">壹仟捌佰元整</td><td>千</td><td>百</td><td>十</td><td>万</td><td>千</td><td>百</td><td>十</td><td>元</td><td>角</td><td>分</td></tr>
<tr><td></td><td></td><td></td><td>¥</td><td>1</td><td>8</td><td>0</td><td>0</td><td>0</td><td>0</td></tr>
<tr><td>款项内容</td><td>1月份电话费</td><td>委托收款凭据名称</td><td colspan="3">账单</td><td colspan="2">附寄单证张数</td><td colspan="8">1</td></tr>
<tr><td>备注</td><td></td><td colspan="4">收款单位开户行盖章
2020年1月2日</td><td colspan="10">付款单位盖章
2020年1月2日</td></tr>
</table>

凭证 1-5

广东增值税专用发票

国家税务总局 广东省税务局

此联不作报销、扣税凭证使用

No 85798312

开票日期：2020 年 1 月 3 日

购买方	名　　称：立元有限责任公司 纳税人识别号：91440605FB4UU2T84G 地 址、电 话：东州市粤东区北江大厦 020-84225678 开户行及账号：工行粤东支行 3602033919306000398	密码区	

货物或应税劳务、服务名称	规格型号	单位	数量	单价	金额	税率	税额
*器材*试验台		台	50	2200	110000.00	13%	14300.00
合　计					¥110000.00		¥14300.00
价税合计（大写）	⊗壹拾贰万肆仟叁佰元整					（小写）	¥124300.00

销售方	名　　称：南方有限责任公司 纳税人识别号：91440605MA4UU2N92H 地 址、电 话：广州市海珠区西江大厦 020-86332866 开户行及账号：工商银行桥南办事处 3602033919235103205	备注	

收款人：　　复核：　　开票人：　　销售方：（章）

第一联：记账联 销售方记账凭证

凭证 1-6

运费及保险费垫支凭证

2020年1月3日　　单位：元

收货单位	运货单	货物名称	发运数量（台）	运费	保险费	其他	合计金额（大写）	经手人
立元有限责任公司	0056278	试验台	50	390	200		伍佰玖拾元整	吴涛

凭证 1-7

托收凭证（受理回单）

1

委托日期：2020年1月3日

业务类型	委托收款（☐ 邮划、☐ 电划）				托收承付（☐ 邮划、☐ 电划）												
付款人	全称	立元有限责任公司			收款人	全称	南方有限责任公司										
	账号	3602033919306000398				账号	3602033919235103205										
	地址	省　市/县	开户行	工行粤东支行		地址	省　市/县		开户行	工商银行桥南办事处							
金额	人民币（大写）壹拾贰万肆仟叁佰元整				亿	千	百	十	万	千	百	十	元	角	分		
							¥	1	2	4	3	0	0	0	0		
款项内容		托收凭据名称		附寄单证张数	2												
商品发运情况	铁路	合同名称号码	第0984号														
备注： 验货付款 复核　记账		款项收妥日期： 年　月　日		收款人开户银行签章 年　月　日													

此联作收款人开户银行给收款人的受理回单

凭证 1-8

中国工商银行（　）
转账支票存根

$\frac{A\ B}{0\ 2}$00000000

附加信息

出票日期　年　月　日

收款人：	
金额：	
用途：	

单位主管　会计

本支票付款期限十天

中国工商银行 转账支票（　）地名 $\frac{A\ B}{0\ 2}$00000000

出票日期（大写）　年　月　日　付款行名称：
收款人：　出票人账号：

人民币（大写）	亿	千	百	十	万	千	百	十	元	角	分

用途________
以上款项请从
我账户内支付
出票人签章　复核　记账

凭证 1-9

托收凭证（付款通知）

5

委托日期：2020年1月4日　　付款期限2020年01月14日

业务类型	委托收款（☐ 邮划、☐ 电划）				托收承付（☐ 邮划、☐ 电划）											
付款人	全称	南方有限责任公司			收款人	全称	联盛有限责任公司									
	账号	3602033919235103205				账号	3602043919360472596									
	地址	省　市/县	开户行	工商银行桥南办事处		地址	省　市/县	开户行	工行岭南分行							
金额	人民币（大写）	贰拾贰万陆仟元整			亿	千	百	十	万	千	百	十	元	角	分	
							¥	2	2	6	0	0	0	0	0	
款项内容		托收凭据名称	铁路托运		附寄单证张数	1										
商品发运情况					合同名称号码	A0123										

备注：

付款人开户银行收到日期

年　月　日

复核　　记账

款项收妥日期

付款人开户银行签章

年　月　日

付款人注意：
1.根据支付结算办法，上列委托收款（托收承付）款项在付款期限内未提出拒付，即视为同意付款，以此代付款通知。
2.如需提出全部或部分拒付，应在规定期限内，将拒付理由书并附债务证明退交开户银行。

此联付款人开户银行给付款人按期付款通知

凭证 1-10

广东增值税专用发票

全国统一发票监制章 国家税务总局 广东省税务局

No 86798321

发票联

开票日期：2020 年01 月04 日

购货单位	名　　称：南方有限责任公司 纳税人识别号：91440605MA4UU2N92H 地址、电话：广州市海珠区西江大厦3楼308室020-86332866 开户行及账号：工商银行桥南办事处 3602033919235103205			密码区			
货物或应税劳务名称	规格型号	单位	数量	单价	金额	税率	税额
*金属制品*Φ25mm圆钢		吨	100	2000	200000	13%	26000
税价合计（大写）	贰拾贰万陆仟元整			（小写）¥226000.00			
销货单位	名　　称：联盛有限责任公司 纳税人识别号：91440605TR4UU2K45D 地址、电话：南州市岭南区东江大厦6楼6008室 0660-64567890 开户行及账号：工商银行岭南分行 3602043919360472596			备注	联盛有限责任公司		

收款人：钱江　　复核：卢曼　　开票人：刘荣　　销货单位（章）

第三联：发票联购货方记账凭证

注意：第二联抵扣联与发票格式一致，此后均省略，不再提示。

凭证 1-11

借 据

部门：采购部　　2020年1月6日　　No. 103041

今借到南方有限责任公司现金：3 400元

人民币（大写）：叁仟肆佰元整

用　途：差旅费

第三联 会计记账

负责人：罗伟　财务主管：张镇　部门主管：王彬　会计：谢婷　出纳：陈红　经手人：王芳

凭证 1-12

中国工商银行 电汇凭证（回 单）

□普通 □加急　　委托日期 2020年1月6日　　第 号

汇款人	全称	南方有限责任公司	收款人	全称	南方有限责任公司
	账号	3602033919235103205		账号	3602023913929849085
	汇出地点	省 广州 市/县		汇入地点	省 北京 市/县
汇出行名称		工商银行桥南办事处	汇入行名称		工商银行华西办事处

金额	人民币（大写）	亿	千	百	十	万	千	百	十	元	角	分
	叁万元整				¥	3	0	0	0	0	0	0

	支付密码
汇出行签章	附加信息及用途：采购 复核：　记账：

此联汇出行给汇款人的回单

凭证 1-13

中国工商银行邮、电、手续费收费凭证（借方凭证）

2020年1月6日

缴款人名称：南方有限责任公司														信（电）汇　笔 汇票　笔 其他　笔						
账　号：3602033919235103205														托收、委托　笔 支票　本 专用托收　笔						
邮电金额					电报费金额					手续费金额					合计金额					科目＿＿＿＿
百	十	元	角	分	百	十	元	角	分	百	十	元	角	分	千	百	十	元	角	分
										¥	1	1	2	0						对方科目＿＿＿＿
合计金额	人民币（大写）壹拾壹元贰角整																			复核　记账 复票　制票

凭证 1-14

中国工商银行汇票委托书（存根）

委托日期：2020年1月8日　　第***号

收款人	聚信有限责任公司		汇款人	南方有限责任公司								
账号或住址	3602053919360471525		账号或住址	3602033919235103205								
兑付地点	上海徐汇区	兑付行 工行上海徐汇营业部	汇款用途	购买材料								
汇款金额	人民币（大写）壹万叁仟元整			千	百	十	万	千	百	十	元	角	分
						¥	1	3	0	0	0	0	0
备注：			科日 对方科目 财务主管：　复核：　经办：									

此联由汇款人留存作记账传票

凭证 1-15

中国工商银行邮、电、手续费收费凭证（借方凭证）

2020年1月8日

缴款人名称：南方有限责任公司		信（电）汇 笔 汇票 笔 其他 笔
账 号：3602033919235103205		托收、委托 笔 支票 本 专用托收 笔
邮电金额（百 十 元 角 分）	电报费金额（百 十 元 角 分）	科目
手续费金额（百 十 元 角 分）	合计金额（千 百 十 元 角 分）	对方科目
合计金额	人民币（大写）	复核 记账 复票 制票

凭证 1-16

广东增值税专用发票

国家税务总局 发票联 广东省税务局

No 85798328

开票日期：2020 年 1 月 8 日

购买方	名 称：南方有限责任公司 纳税人识别号：91440605MA4UU2N92H 地 址、电 话：广州市海珠区西江大厦 020-86332866 开户行及账号：工商银行桥南办事处 3602033919235103205					密码区	
货物或应税劳务、服务名称	规格型号	单位	数量	单价	金额	税率	税额
*配电控制设备*组合开关		个	200	100.00	20000.00	13%	2600.00
合 计					¥20000.00		¥2600.00
价税合计（大写）	⊗贰万贰仟陆佰元整				（小写）¥22600.00		
销售方	名 称：聚信有限责任公司 纳税人识别号：91440605TR4UU2F78D 地 址、电 话：上海徐汇区解放路胜利大厦 021-78994560 开户行及账号：工行上海徐汇营业部 3602053919360471525					备注	聚信有限责任公司 91440605TR4UU2F78D 发票专用章

收款人： 复核： 开票人： 销售方：（章）

第三联：发票联 购买方记账凭证

凭证 1-17

中国工商银行转账支票存根（　）
$\frac{A}{0}\frac{B}{2}$00000000
附加信息
出票日期　　年　月　日
收款人：
金　额：
用　途：
单位主管　　会计

本支票付款期限十天

中国工商银行　转账支票（　）　地名　$\frac{A}{0}\frac{B}{2}$00000000

出票日期（大写）　　年　月　日　　　付款行名称：
收款人：　　　　　　　　　　　　　　出票人账号：

人民币（大写）	亿	千	百	十	万	千	百	十	元	角	分

用途________
以上款项请从
我账户内支付
出票人签章　　　　　　　　复核　　　　　记账

凭证 1-18

差旅费报销单

部门名称：采购部　　　　　　　　填报日期：2020 年 1 月 10 日

单位：元

姓名		王芳	职级	普通员工		出差事由	开会	出差时间	计划5天	
									实际5天	
日期		起止地点		飞机、车、船票		其他费用				
月	日	起	止	类别	金额	项目		标准	计算天数	核报金额
1	6	广州	北京	火车	400	住宿费	包干报销	400	5	2000
1	10	北京	广州	火车	400		限额报销			
						伙食补助费		100	5	500
						车、船补助费				
						其他杂支				500
小计					800	小计				3000
总计金额（大写）叁仟捌佰元整						现金付讫 预支：3400　核销：3800　补退：400				

负责人：罗伟　财务主管：张镇　部门主管：王彬　会计：谢婷　出纳：陈红　经手人：王芳

凭证 1-19

中国工商银行　联行来账凭证

2020年1月10日

确认日期	20190110	来账业务凭证	4403739455	借/贷：贷
转账行行号	398459	往账行行号	964738	
付款人账号	3602033919235103205	付款人户名	南方有限责任公司	
收款人账号	3602023913929849085	收款人户名	南方有限责任公司	
转账金额	¥7 400.00	人民币	陆仟捌佰元整	
业务种类：	汇兑 结束采购账户　退回余款 上述款项已代转账，如有疑问，请持此单来行面洽 开户单位　南方有限责任公司			

第二联　客户入账通知

凭证 1-20

广东增值税专用发票

国家税务总局 发票联 广东省税务局

No 85798341

开票日期：2020 年 1 月 12 日

购买方	名　　称：南方有限责任公司 纳税人识别号：91440605MA4UU2N92H 地 址、电 话：广州市海珠区西江大厦 020-86332866 开户行及账号：工商银行桥南办事处 3602033919235103205				密码区		
货物或应税劳务、服务名称	规格型号	单位	数量	单价	金额	税率	税额
*阀门龙头*电阀		个	100	100.00	10000.00	13%	1300.00
合　计					¥10000.00		¥1300.00
价税合计（大写）	⊗壹万壹仟叁佰元整				（小写）¥ 11300.00		
销售方	名　　称：聚信有限责任公司 纳税人识别号：91440605TR4UU2F78D 地 址、电 话：上海徐汇区解放路胜利大厦 021-78994560 开户行及账号：工行上海徐汇营业部 3602053919360471525				备注	聚信有限责任公司 91440605TR4UU2F78D 发票专用章	

收款人：　　复核：　　开票人：　　销售方：（章）

第三联：发票联　购买方记账凭证

凭证 1-21

付款期限
壹个月

中国工商银行

银行汇票（多余款收账通知） **4**

地名 B B 0 1 00000000

出票日期（大写）贰零贰零年壹月壹拾贰日

代理付款行：工商银行桥南办事处　　行号：386

收款人：聚信有限责任公司	账号：工行上海徐汇营业部 3602053919360471525											
出票金额 人民币（大写） 壹万叁仟元整												
实际结算金额 人民币（大写） 壹万壹仟叁佰元整		千	百	十	万	千	百	十	元	角	分	
				¥	1	1	3	0	0	0	0	

申请人：南方有限责任公司　　账号：

出票行：工商银行桥南办事处　　行号：102581000013

备注：

密押：										左列退回多余金额已收入你账户
多余金额										
千	百	十	万	千	百	十	元	角	分	
			¥	1	7	0	0	0	0	

出票行签章

年　月　日

此联出票行结清多余款后交申请人

凭证 1-22

广东增值税专用发票

此联不作报销、扣税凭证使用

（印章：国家税务总局 广东省税务局）

No 85798313

开票日期：　　年　月　日

购买方	名称： 纳税人识别号： 地址、电话： 开户行及账号：				密码区		
货物或应税劳务、服务名称	规格型号	单位	数量	单价	金额	税率	税额
合计					¥		¥
价税合计（大写）	⊗				（小写）¥		
销售方	名称： 纳税人识别号： 地址、电话： 开户行及账号：				备注		

收款人：　　复核：　　开票人：　　销售方：（章）

第一联：记账联 销售方记账凭证

凭证 1-23

中国工商银行（ ）
转账支票存根

$\frac{A\ B}{0\ 2}$00000000

附加信息

出票日期 2020年 1月15日

收款人:	南方有限责任公司
金 额:	47 460.00
用 途:	货款

单位主管 张云 会计 李凡

本支票付款期限十天

中国工商银行 转账支票（ ） 地名 $\frac{A\ B}{0\ 2}$00000000

出票日期（大写）贰零贰零年壹月壹拾伍日 付款行名称: 工行粤西支行

收款人: 南方有限责任公司 出票人账号: 3602033919235103205

人民币（大写）	亿	千	百	十	万	千	百	十	元	角	分
肆万柒仟肆佰陆拾元整				¥	4	7	4	6	0	0	0

用途 货款

以上款项请从

我账户内支付

出票人签章

复核 王平 记账 李凡

凭证 1-24

中国工商银行 进账单（回 单） 1

年 月 日

出票人	全 称		收款人	全 称	
	账 号			账 号	
	开户银行			开户银行	

金额	人民币（大写）	亿	千	百	十	万	千	百	十	元	角	分

票据种类		票据张数	
票据号码			
复核 记账			开户银行签章

此联是开户银行交给持票人的回单

凭证 1-25

中国工商银行（ ）
转账支票存根

$\frac{A\ B}{0\ 2}$00000000

附加信息

出票日期 年 月 日

收款人：	
金 额：	
用 途：	

单位主管 会计

本支票付款期限十天

中国工商银行 转账支票（ ） 地名 $\frac{A\ B}{0\ 2}$5488498

出票日期（大写） 年 月 日 付款行名称：
收款人： 出票人账号：

人民币（大写）	亿	千	百	十	万	千	百	十	元	角	分

用途________
以上款项请从
我账户内支付
出票人签章 复核 记账

凭证 1-26

中国工商银行 进账单（回 单） 1

年 月 日

<table>
<tr><td rowspan="3">出票人</td><td>全 称</td><td></td><td rowspan="3">收款人</td><td>全 称</td><td colspan="11"></td></tr>
<tr><td>账 号</td><td></td><td>账 号</td><td colspan="11"></td></tr>
<tr><td>开户银行</td><td></td><td>开户银行</td><td colspan="11"></td></tr>
<tr><td>金额</td><td colspan="4">人民币（大写）</td><td>亿</td><td>千</td><td>百</td><td>十</td><td>万</td><td>千</td><td>百</td><td>十</td><td>元</td><td>角</td><td>分</td></tr>
<tr><td>票据种类</td><td></td><td>票据张数</td><td></td><td colspan="12" rowspan="3">开户银行签章</td></tr>
<tr><td>票据号码</td><td colspan="3"></td></tr>
<tr><td colspan="4">复核 记账</td></tr>
</table>

此联是开户银行交给持票人的回单

凭证 1-27

托收凭证 （汇款依据或收账通知） 4

委托日期 2020年1月26日　　　　付款期限 2020年1月29日

<table>
<tr><td>业务类型</td><td colspan="4">委托收款（☐ 邮划、☐ 电划）</td><td colspan="14">托收承付（☐ 邮划、☐ 电划）</td></tr>
<tr><td rowspan="3">付款人</td><td>全称</td><td colspan="3">宝扬股份有限公司</td><td rowspan="3">收款人</td><td>全称</td><td colspan="12">南方有限责任公司</td></tr>
<tr><td>账号</td><td colspan="3">3602103919047994593</td><td>账号</td><td colspan="12">3602033919235103205</td></tr>
<tr><td>地址</td><td>省　市/县</td><td>开户行</td><td>工行章场办事处</td><td>地址</td><td colspan="4">省　市/县</td><td colspan="2">开户行</td><td colspan="6">工行桥南办事处</td></tr>
<tr><td rowspan="2">金额</td><td colspan="4" rowspan="2">人民币（大写） 捌万元整</td><td>亿</td><td>千</td><td>百</td><td>十</td><td>万</td><td>千</td><td>百</td><td>十</td><td>元</td><td>角</td><td>分</td></tr>
<tr><td></td><td></td><td></td><td>¥</td><td>8</td><td>0</td><td>0</td><td>0</td><td>0</td><td>0</td><td>0</td></tr>
<tr><td>款项内容</td><td colspan="2">货款</td><td>托收凭据名称</td><td>银行承兑汇票</td><td colspan="2">附寄单证张数</td><td colspan="9">1</td></tr>
<tr><td colspan="2">商品发运情况</td><td colspan="2"></td><td colspan="2">合同名称号码</td><td colspan="10"></td></tr>
<tr><td colspan="3">备注：
复核　　记账</td><td colspan="4">上列款项已划回收入你方账户
收款人开户银行签章
年　月　日</td><td colspan="9"></td></tr>
</table>

此联付款人开户行凭以汇款或收款人开户银行作收账通知

凭证 1-28

库存现金盘点报告表

2020年1月29日　　　　单位：元

实存金额	账存金额	对比结果		备注
		长款	短款	
600	800		200	原因：待查

主管：张镇　　　　监盘人：谢婷　　　　出纳：陈红

凭证 1-29

库存现金盘点报告表

2020年1月30日　　单位：元

实存金额	账存金额	对比结果		备注
		长款	短款	
600	800		200	处理意见：由出纳陈红赔偿

主管：张镇　　监盘人：谢婷　　出纳：陈红

凭证 1-30

收　据

2020年1月30日　　No.95898

今收到：陈红赔偿现金短款200元

人民币：贰佰元整

付款内容：现金盘点短款200元，经核查由陈红赔偿。

第二联：收款单位

单位盖章：　　会计：谢婷　　出纳：陈红　　经手人：陈红

模块 2

凭证 2-1

广东增值税专用发票

国家税务总局 发票联 广东省税务局

No 85798351

开票日期：2020 年 2 月 3 日

购买方	名　　称：南方有限责任公司 纳税人识别号：91440605MA4UU2N92H 地 址、电 话：广州市海珠区西江大厦 020-86332866 开户行及账号：工商银行桥南办事处 3602033919235103205					密码区	
货物或应税劳务、服务名称	规格型号	单位	数量	单价	金额	税率	税额
*M材料		千克	500	420.00	210000.00	13%	27300.00
合　计					¥210000.00		¥27300.00
价税合计（大写）	⊗贰拾叁万柒仟叁佰元整				（小写）¥237300.00		
销售方	名　　称：聚信有限责任公司 纳税人识别号：91440605TR4UU2F78D 地 址、电 话：上海徐汇区解放路胜利大厦 021-78994560 开户行及账号：工行上海徐汇营业部 3602053919360471525					备注	聚信有限责任公司 91440605TR4UU2F78D 发票专用章

收款人：　　复核：　　开票人：　　销售方：（章）

第三联：发票联 购买方记账凭证

凭证 2-2

中国工商银行 现金支票存根（　）

BB 02 00000000

附加信息

出票日期　　年　月　日

收款人：	
金 额：	
用 途：	

单位主管　　会计

本支票付款期限十天

中国工商银行 现金支票（　）地名 BB 02 00000000

出票日期（大写）　　年　　月　　日　　付款行名称：

收款人：　　出票人账号：

人民币（大写）	亿	千	百	十	万	千	百	十	元	角	分

用途______

上述款项请从

我账户内支付

出票人签章　　复核　　记账

凭证 2-3

材料入库验收单

类别	原料及主要材料
发票编号	

编号	
来源	

验收日期：2020年2月3日

品名	规格	单位	数量		实际价格				计划价格	
			来料数	实际数	单价	总价	运杂费	合计	单价	总价
合计										

第三联：会计记账联

供销主管：　　验收保管：　　采购：　　制单：

凭证 2-4

材料出仓单

2020年2月9日　　第　号

编号	材料	名称	单位	规格	数量	单价	金额							
							十	万	千	百	十	元	角	分
合　计														

第三联：财务联　附件：　张

记账：　　保管：　　制票：

凭证 2-5

广东增值税专用发票

国家税务总局 发票联 广东省税务局

No 85798314

开票日期：2020 年 2 月 18 日

购买方	名　　称：南方有限责任公司 纳税人识别号：91440605MA4UU2N92H 地 址、电 话：广州市海珠区西江大厦 020-86332866 开户行及账号：工商银行桥南办事处 3602033919235103205				密码区		
货物或应税劳务、服务名称	规格型号	单位	数量	单价	金额	税率	税额
M材料		千克	2000	430.00	860000.00	13%	111800.00
合　计					¥860000.00		¥111800.00
价税合计（大写）	⊗玖拾柒万壹仟捌佰元整					（小写）	¥971800.00
销售方	名　　称：宝扬股份有限公司 纳税人识别号：91440605TR4UU2J34W 地 址、电 话：南州市岭南区南江大厦 0660-64784560 开户行及账号：工行岭南分行 3602103919047994593				备注	宝扬股份有限公司 91440605TR4UU2J34W 发票专用章	

第三联：发票联 购买方记账凭证

收款人：　　复核：　　开票人：　　销售方：（章）

凭证 2-6

中国工商银行（　）
转账支票存根

$\frac{A\ B}{0\ 2}$00000000

附加信息

出票日期　　年　月　日

收款人：

金　额：

用　途：

单位主管　　会计

本支票付款期限十天

中国工商银行 转账支票（　）

地名 $\frac{A\ B}{0\ 2}$00000000

出票日期（大写）　　年　月　日　　付款行名称：

收款人：　　出票人账号：

人民币（大写）	亿	千	百	十	万	千	百	十	元	角	分

用途

以上款项请从
我账户内支付
出票人签章　　　　复核　　　　记账

凭证 2-7

材料入库验收单

类别	原料及主要材料
发票编号	

编号	
来源	

验收日期：2020年2月18日

品名	规格	单位	数量		实际价格				计划价格	
			来料数	实际数	单价	总价	运杂费	合计	单价	总价
合计										

第三联：会计记账联

供销主管：　　验收保管：　　采购：　　制单：

凭证 2-8

材料出仓单

2020年2月24日　　第　号

编号	材料	名称	单位	规格	数量	单价	金额							
							十	万	千	百	十	元	角	分
合计														

第三联：财务联　附件：张

记账：　　保管：　　制票：

凭证 2-9

材料出仓单

2020年2月1日　　　　　　　　第　号

编号	材料	名称	单位	规格	数量	单价	金额							
							十	万	千	百	十	元	角	分
合　计														

第三联：财务联　附件：　张

记账：　　　　保管：　　　　制票：

凭证 2-10

中国工商银行 ( )
转账支票存根

AB/02 00000000

附加信息

出票日期　　年　月　日

收款人：	
金 额：	
用 途：	

单位主管　　会计

本支票付款期限十天

中国工商银行 转账支票 (　) 地名 AB/02 00000000

出票日期（大写）　　年　月　日　　付款行名称：

收款人：　　出票人账号：

人民币（大写）	亿	千	百	十	万	千	百	十	元	角	分

用途＿＿＿＿

以上款项请从

我账户内支付

出票人签章　　　　复核　　　　记账

凭证 2-11

广东增值税专用发票

国家税务总局 发票联 广东省税务局

No 85798316

开票日期：2020 年 2 月 2 日

购买方	名　　称：南方有限责任公司 纳税人识别号：91440605MA4UU2N92H 地 址、电 话：广州市海珠区西江大厦 020-86332866 开户行及账号：工商银行桥南办事处 3602033919235103205	密码区	

货物或应税劳务、服务名称	规格型号	单位	数量	单价	金额	税率	税额
L材料		千克	5000	5.80	29000.00	13%	3770.00
合　计					¥29000.00		¥3770.00
价税合计（大写）	⊗叁万贰仟柒佰柒拾元整				（小写）¥32770.00		

销售方	名　　称：伟航有限责任公司 纳税人识别号：91440605TR4UU2P23W 地 址、电 话：茂州市粤西区湖南大厦 0668-55347890 开户行及账号：工行粤西支行 3602313919260082150	备注	伟航有限责任公司 91440605TR4UU2P23W 发票专用章

收款人：　　复核：　　开票人：　　销售方：（章）

第三联：发票联 购买方记账凭证

凭证 2-12

广东增值税专用发票

国家税务总局 发票联 广东省税务局

No 02085689

开票日期：2020 年2 月2日

购货单位	名　　称：南方有限责任公司 纳税人识别号：91440605MA4UU2N92H 地址、电话：广州市海珠区西江大厦 020-86332866 开户行及账号：工商银行桥南办事处 3602033919235103205	密码区	

货物或应税劳务名称	规格型号	单位	数量	单价	金额	税率	税额
运费				400.00	400.00	9%	36.00
税价合计（大写）	肆佰叁拾陆元整				（小写）¥436.00		

销货单位	名　　称：海珠市路路通货运公司 纳税人识别号：91440400MA7EW5YY5U 地址、电话：广东省海珠市吉大区诚丰53号 0756-2275696 开户行及账号：工行海珠分行 3602023919260044396	备注	海珠市路路通货运公司 91440400MA7EW5YY5U 发票专用章

收款人：　　复核：　　开票人：　　销货单位（章）

第三联：发票联购货方记账凭证

凭证 2-13

材料入库验收单

类别	原料及主要材料
发票编号	

编号	
来源	

验收日期：2020年2月5日

品名	规格	单位	数量		实际价格				计划价格	
			来料数	实际数	单价	总价	运杂费	合计	单价	总价
合计										

第三联：会计记账联

供销主管： 验收保管： 采购： 制单：

凭证 2-14

材料出仓单

2020年2月5日 第 号

编号	材料	名称	单位	规格	数量	单价	金额							
							十	万	千	百	十	元	角	分
合计														

第三联：财务联 附件： 张

记账： 保管： 制票：

凭证 2-15

广东增值税专用发票

国家税务总局 发票联 广东省税务局

No 85798511

开票日期：2020 年 2 月 2 日

购买方	名　　称：南方有限责任公司 纳税人识别号：91440605MA4UU2N92H 地 址、电 话：广州市海珠区西江大厦 020-86332866 开户行及账号：工商银行桥南办事处 3602033919235103205				密码区		
货物或应税劳务、服务名称	规格型号	单位	数量	单价	金额	税率	税额
L材料		千克	10000	6.10	61000.00	13%	7930.00
合　计					¥61000.00		¥7930.00
价税合计（大写）	⊗陆万捌仟玖佰叁拾元整					（小写）	¥68930.00
销售方	名　　称：伟航有限责任公司 纳税人识别号：91440605TR4UU2P23W 地 址、电 话：茂州市粤西区湖南大厦 0668-55347890 开户行及账号：工行粤西支行 3602313919260082150				备注	伟航有限责任公司 91440605TR4UU2P23W 发票专用章	

第三联：发票联 购买方记账凭证

收款人：　　复核：　　开票人：　　销售方：（章）

凭证 2-16

广东增值税专用发票

国家税务总局 发票联 广东省税务局

No 02085619

开票日期：2020 年2 月2日

购货单位	名　　称：南方有限责任公司 纳税人识别号：91440605MA4UU2N92H 地址、　电话：广州市海珠区西江大厦 020-86332866 开户行及账号：工商银行桥南办事处 3602033919235103205			密码区			
货物或应税劳务名称	规格型号	单位	数量	单价	金额	税率	税额
运费				800.00	800.00	9%	72.00
税价合计（大写）	捌佰柒拾贰元整					（小写）	¥872.00
销货单位	名　　称：海珠市路路通货运公司 纳税人识别号：91440400MA7EW5YY5U 地址、　电话：广东省海珠市吉大区诚丰53号 0756-2275696 开户行及账号：工行海珠分行 3602023919260044396				备注	海珠市路路通货运公司 91440400MA7EW5YY5U 发票专用章	

第三联：发票联购货方记账凭证

收款人：　　复核：　　开票人：　　销货单位（章）

凭证 2-17

商业承兑汇票

2

A/0 B/1 00000000

出票日期（大写）　　年　　月　　日

付款人	全　称		收款人	全　称	
	账　号			账　号	
	开户银行			开户银行	

出票金额	人民币（大写）	亿	千	百	十	万	千	百	十	元	角	分

汇票到期日（大写）		付款人开户行	行号	
交易合同号码			地址	

本汇票已经承兑，到期无条件支付票款。 承兑人签章 承兑日期：　年　月　日	本汇票请予以承兑于到期日付款。 出票人签章

此联持票人开户行随托收凭证寄付款人开户行做借方凭证附件

凭证 2-18

材料入库验收单

类别	原料及主要材料
发票编号	

编号	
来源	

验收日期：2020年2月15日

品名	规格	单位	数量		实际价格				计划价格	
			来料数	实际数	单价	总价	运杂费	合计	单价	总价
合计										

供销主管：　　验收保管：　　采购：　　制单：

凭证 2-19

材料出仓单

年　月　日　　　　　　　　　　第　号

编号	材料	名称	单位	规格	数量	单价	金额							
							十	万	千	百	十	元	角	分
合　计														

第三联：财务联　附件：　张

记账：　　　　保管：　　　　制票：

凭证 2-20

广东增值税专用发票

国家税务总局 发票联 广东省税务局

№ 85798381

开票日期：2020 年 2 月 2 日

购买方	名　称：南方有限责任公司 纳税人识别号：91440605MA4UU2N92H 地址、电话：广州市海珠区西江大厦 020-86332866 开户行及账号：工商银行桥南办事处 3602033919235103205				密码区		
货物或应税劳务、服务名称	规格型号	单位	数量	单价	金额	税率	税额
L材料		千克	10000	5.80	58000.00	13%	7540.00
合　计					¥58000.00		¥7540.00
价税合计（大写）	⊗陆万伍仟伍佰肆拾元整					（小写）	¥65540.00
销售方	名　称：伟航有限责任公司 纳税人识别号：91440605TR4UU2P23W 地址、电话：茂州市粤西区湖南大厦 0668-55347890 开户行及账号：工行粤西支行 3602313919260082150				备注	伟航有限责任公司 91440605TR4UU2P23W 发票专用章	

第三联：发票联　购买方记账凭证

收款人：　　　复核：　　　开票人：　　　销售方：（章）

凭证 2-21

广东增值税专用发票 No 02085689

国家税务总局 广东省税务局

发 票 联

开票日期：2020 年2 月2日

购货单位	名 称：南方有限责任公司 纳税人识别号：91440605MA4UU2N92H 地址、电话：广州市海珠区西江大厦 020-86332866 开户行及账号：工商银行桥南办事处 3602033919235103205			密码区			
货物或应税劳务名称	规格型号	单位	数量	单价	金额	税率	税额
运费				800.00	800.00	9%	72.00
税价合计（大写）	捌佰柒拾贰元整				（小写）¥872.00		
销货单位	名 称：海珠市路路通货运公司 纳税人识别号：91440400MA7EW5YY5U 地址、电话：广东省海珠市吉大区诚丰53号 0756-2275696 开户行及账号：工行海珠分行 3602023919260044396			备注	海珠市路路通货运公司 91440400MA7EW5YY5U 发票专用章		

收款人： 复核： 开票人： 销货单位（章）

第三联：发票联 购货方记账凭证

凭证 2-22

中国工商银行 **信汇凭证**（回 单）

委托日期 2020年2月20日 第1号

汇款人	全 称	南方有限责任公司	收款人	全 称	伟航有限责任公司
	账 号	3602033919235103205		账 号	3602313919260082150
	汇出地点	省 市/县		汇入地点	省 市/县
汇出行名称		工商银行桥南办事处	汇入行名称		工行粤西支行

金额	人民币（大写）	亿	千	百	十	万	千	百	十	元	角	分
	陆万陆仟肆佰壹拾贰元整				¥	6	6	4	1	2	0	0

	支付密码
汇入行签章	附加信息及用途： 复核： 记账：

此联汇款行给汇款人的回单

凭证 2-23

材料入库验收单

类别	原料及主要材料
发票编号	

编号	
来源	

验收日期：2020年2月23日

品名	规格	单位	数量		实际价格				计划价格	
			来料数	实际数	单价	总价	运杂费	合计	单价	总价
合计										

供销主管：　　　　验收保管：　　　　采购：　　　　制单：

凭证 2-24

材料损失报告单

年　月　日

供应单位	名称规格	计量单位	损失数量	单价	金额	损失原因	处理意见

主管：　　　　经办：　　　　审核：

凭证 2-25

赔偿请求单

单位：元　　　　2020年2月23日

货物名称	L材料	发运单位	伟航有限责任公司	票据号码	85798601 02085689	发运数量	10 000
金额	58 800		运杂费	800	实到数量		9 000
损失品种	L材料		损失数量	1 000	要求赔偿金额		6 641.2
损失原因	运输部门责任						

凭证 2-26

材料出仓单

年 月 日 第 号

编号	材料	名称	单位	规格	数量	单价	金额							
							十	万	千	百	十	元	角	分
合计														

第三联：财务联 附件： 张

记账： 保管： 制票：

凭证 2-27

存货盘点盈亏报告单

仓库：一仓库 2020年2月28日

存货编号	存货名称	计量单位	数量		单价	盘盈		盘亏		盘盈盘亏原因
			账存	实存		数量	金额	数量	金额	
**	L材料	千克		20 000						待查

凭证 2-28

南方有限责任公司发料凭证汇总表

2020年2月28日

日期	领料单张数	贷方科目	借方科目				
			生产成本		制造费用	管理费用	合计
			A 产品	B 产品			
1—10日							
11—20日							
21—28日							
合计							

凭证 2-29

材料出仓单

年　月　日　　　　　　　　第　号

编号	材料	名称	单位	规格	数量	单价	金额							
							十	万	千	百	十	元	角	分
合计														

第三联：财务联　附件：　张

记账：　　　　保管：　　　　制票：

凭证 2-30

广东增值税专用发票

全国统一发票监制章　国家税务总局　发票联　广东省税务局

№ 85798371

开票日期：2020年 2 月 15 日

购买方	名　　称：南方有限责任公司 纳税人识别号：91440605MA4UU2N92H 地 址、电 话：广州市海珠区西江大厦 020-86332866 开户行及账号：工商银行桥南办事处 3602033919235103205	密码区				
货物或应税劳务、服务名称	规格型号	单位	数量	单价	金额	税率	税额
*劳务*加工费					150000.00	13%	19500.00
合　计					¥150000.00		¥19500.00
价税合计（大写）	⊗壹万陆仟玖佰伍拾元整				（小写）¥169500.00		
销售方	名　　称：立元有限责任公司 纳税人识别号：91440605FB4UU2T84G 地 址、电 话：东州市粤东区北江大厦 020-84225678 开户行及账号：工行粤东支行 3602033919306000398	备注	立元有限责任公司 91440605FB4UU2T84G 发票专用章			

第三联：发票联 购买方记账凭证

收款人：　　　复核：　　　开票人：　　　销售方：（章）

凭证 2-31

中国工商银行
转账支票存根（　）

$\frac{A}{0}\frac{B}{2}$ 00000000

附加信息

出票日期　　年　月　日

收款人：	
金　额：	
用　途：	

单位主管　　会计

本支票付款期限十天

中国工商银行 转账支票（　）地名 $\frac{A}{0}\frac{B}{2}$ 00000000

出票日期（大写）　　年　月　日　　付款行名称：
收款人：　　出票人账号：

人民币（大写）	亿	千	百	十	万	千	百	十	元	角	分

用途 ______
以上款项请从
我账户内支付
出票人签章　　复核　　记账

凭证 2-32

材料入库验收单

类别	原料及主要材料
发票编号	

编号	
来源	

验收日期：2020年2月28日

品名	规格	单位	数量		实际价格				计划价格	
			来料数	实际数	单价	总价	运杂费	合计	单价	总价
合计										

第三联：会计记账联

供销主管：　　验收保管：　　采购：　　制单：

凭证 2-33

材料出仓单

年　月　日　　　　　　第　号

编号	材料	名称	单位	规格	数量	单价	金额							
							十	万	千	百	十	元	角	分
合　计														

第三联：财务联　附件：　张

记账：　　　　保管：　　　　制票：

凭证 2-34

材料报废申请表

年　月　日　　　　　　第　号

编号	材料	名称	单位	规格	数量	单价	金额							
							十	万	千	百	十	元	角	分
合　计														
报废原因：			生产车间主管意见：				厂部主管意见：							

第三联：财务联　附件：　张

凭证 2-35

广东增值税专用发票

国家税务总局 发票联 广东省税务局

№ 85798711

开票日期：2020 年 2 月 8 日

购买方	名　　称：南方有限责任公司 纳税人识别号：91440605MA4UU2N92H 地 址、电 话：广州市海珠区西江大厦 020-86332866 开户行及账号：工商银行桥南办事处 3602033919235103205	密码区	

货物或应税劳务、服务名称	规格型号	单位	数量	单价	金额	税率	税额
*纸制品*包装物甲					50000.00	13%	6500.00
合　计					¥50000.00		¥6500.00
价税合计（大写）	⊗伍万陆仟伍佰元整				（小写）¥56500.00		

销售方	名　　称：宝扬股份有限公司 纳税人识别号：91440605TR4UU2J34W 地 址、电 话：南州市岭南区南江大厦 0660-64784560 开户行及账号：工行岭南分行 3602103919047994593	备注	宝扬股份有限公司 91440605TR4UU2J34W 发票专用章

收款人：　　　　复核：　　　　开票人：　　　　销售方：（章）

第三联：发票联 购买方记账凭证

凭证 2-36

中国工商银行（　）
转账支票存根

$\frac{A}{0}\frac{B}{2}$ 00000000

附加信息

出票日期　　年　月　日

收款人：
金　额：
用　途：

单位主管　　　会计

本支票付款期限十天

中国工商银行 转账支票（　） 地名 $\frac{A}{0}\frac{B}{2}$ 00000000

出票日期（大写）　　年　月　日　　　付款行名称：

收款人：　　　　　　　　　　　　　　出票人账号：

人民币（大写）	亿	千	百	十	万	千	百	十	元	角	分

用途＿＿＿＿

以上款项请从
我账户内支付
出票人签章　　　　　　　　　复核　　　　记账

凭证 2-37

材料入库验收单

类别	原料及主要材料
发票编号	

编号	
来源	

验收日期：2020年2月8日

品名	规格	单位	数量		实际价格				计划价格	
			来料数	实际数	单价	总价	运杂费	合计	单价	总价
合计										

第三联：会计记账联

供销主管：　　验收保管：　　采购：　　制单：

凭证 2-38

材料出仓单

2020年2月15日　　第　号

编号	材料	名称	单位	规格	数量	单价	金额							
							十	万	千	百	十	元	角	分
合计														

第三联：财务联　附件：　张

记账：　　保管：　　制票：

凭证 2-39

广东增值税专用发票

此联不作报销、扣税凭证使用　　No 85798361

国家税务总局 广东省税务局

开票日期：2020 年 2 月 25 日

购买方	名　称： 纳税人识别号： 地 址、电 话： 开户行及账号：					密码区		
货物或应税劳务、服务名称	规格型号	单位	数量	单价	金额	税率	税额	
价税合计（大写）	⊗				（小写）			
销售方	名　称： 纳税人识别号： 地 址、电 话： 开户行及账号：					备注		

收款人：　　复核：　　开票人：　　销售方：（章）

第一联：记账联　销售方记账凭证

凭证 2-40

中国工商银行　进账单　（收账通知）　3

2020 年 2 月 25 日

出票人	全　称	诚信信息服务有限公司	收款人	全　称	南方有限责任公司
	账　号	3602203919161083560		账　号	3602033919235103205
	开户银行	工行粤东支行		开户银行	工商银行桥南办事处

金额	人民币（大写）	亿	千	百	十	万	千	百	十	元	角	分
	贰万贰仟陆佰元整				¥	2	2	6	0	0	0	0

票据种类		票据张数	
票据号码			

复核　　记账　　开户银行签章

此联是收款人开户银行交给收款人的收账通知

凭证 2-41

材料出仓单

年　月　日　　　　　　　　第　号

编号	材料	名称	单位	规格	数量	单价	金额							
							十	万	千	百	十	元	角	分
合　计														

第三联：财务　附件：张

记账：　　　　保管：　　　　制票：

凭证 2-42

广东增值税专用发票

此联不作报销、扣税凭证使用　　No 85798391

开票日期：　年　月　日

购买方	名　称： 纳税人识别号： 地 址、电 话： 开户行及账号：				密码区		
货物或应税劳务、服务名称	规格型号	单位	数量	单价	金额	税率	税额
合　计					¥		¥
价税合计（大写）	⊗				（小写）		
销售方	名　称： 纳税人识别号： 地 址、电 话： 开户行及账号：				备注		

第一联：记账联　销售方记账凭证

收款人：　　复核：　　开票人：　　销售方：（章）

凭证 2-43

商业承兑汇票

2

A B 0 1 00000000

出票日期（大写） 贰零贰零年零壹月零伍日

付款人	全称	聚信有限责任公司	收款人	全称	南方有限责任公司
	账号	3602053919360471525		账号	3602033919235103205
	开户银行	工行上海徐汇营业部		开户银行	工商银行桥南办事处

出票金额	人民币（大写） 伍佰陆拾伍万元整	亿	千	百	十	万	千	百	十	元	角	分
			¥	5	6	5	0	0	0	0	0	0

汇票到期日（大写）	贰零贰零年零肆月零伍日	付款人开户行	行号	
交易合同号码	********		地址	

本汇票已经承兑，到期无条件支付票款。 承兑人签章 承兑日期：　年　月　日	本汇票请予以承兑，于到期日付款。 出票人签章

此联持票人开户行随托收凭证寄付款人开户行做借方凭证附件

凭证 2-44

贴现凭证（代申请书）

填写日期：2020 年 2 月 1 日　　第　号

申请人	名称	南方有限责任公司	贴现汇票	种类	商业承兑汇票	号码	********
	账号	3602033919235103205		出票日	2020年01月05日		
	开户银行	工商银行桥南办事处		到期日	2020年04月05日		
汇票承兑人（或银行）	名称	聚信有限责任公司	账号	3602053919360471525	开户银行	工行上海徐汇营业部	

汇票金额（即贴现金额）	人民币（大写） 伍佰陆拾伍万元整	千	百	十	万	千	百	十	元	角	分
		¥	5	6	5	0	0	0	0	0	0

贴现率每年		贴现利息	千	百	十	万	千	百	十	元	角	分	实付贴现金额	千	百	十	万	千	百	十	元	角	分
						¥	5	0	0	0	0	0		¥	5	6	4	5	0	0	0	0	0

兹根据《银行结算办法》的规定，附送申请贴现，请审核。 贴现银行 申请人盖章	银行审核	负责人：　信贷员：	科目（付） 对方科目（收） 复核：　记账：

此联银行作贴现付出传票

凭证 2-45

中国工商银行特种转账贷方传票

2020 年 4 月 7 日

<table>
<tr><td rowspan="3">收款人</td><td>全　称</td><td colspan="3">**银行</td><td rowspan="3">付款人</td><td>全　称</td><td colspan="12">南方有限责任公司</td><td rowspan="8">此联作贷方凭证或支款通知 附件 张</td></tr>
<tr><td>账　号</td><td colspan="3">********</td><td>账　号</td><td colspan="12">3602033919235103205</td></tr>
<tr><td>开户银行</td><td>工商银行*支行</td><td>行号</td><td>********</td><td>开户银行</td><td>工商银行桥南办事处</td><td colspan="5">行号</td><td colspan="6">********</td></tr>
<tr><td rowspan="2">金额</td><td rowspan="2">人民币（大写）</td><td colspan="5" rowspan="2">伍佰陆拾肆万伍仟元整</td><td>十</td><td>亿</td><td>千</td><td>百</td><td>十</td><td>万</td><td>千</td><td>百</td><td>十</td><td>元</td><td>角</td><td>分</td></tr>
<tr><td></td><td></td><td>¥</td><td>5</td><td>6</td><td>4</td><td>5</td><td>0</td><td>0</td><td>0</td><td>0</td><td>0</td></tr>
<tr><td colspan="2">原凭证金额</td><td>5 645 000.00元</td><td>赔偿金</td><td></td><td colspan="14" rowspan="3">科目（贷）
对方科目（借）

会计　　复核　　记账　　制票</td></tr>
<tr><td colspan="2">原凭证名称</td><td>商业承兑汇票</td><td>号码</td><td></td></tr>
<tr><td>转账原因</td><td colspan="4">聚信有限责任公司银行账户不足支付

盖章</td></tr>
</table>

凭证 2-46

商业承兑汇票

2

$\frac{A}{0}\frac{B}{1}$ 00000000

出票日期（大写） 贰零贰零年零肆月贰拾日

<table>
<tr><td rowspan="3">付款人</td><td>全　称</td><td colspan="2">聚信有限责任公司</td><td rowspan="3">收款人</td><td>全　称</td><td colspan="11">南方有限责任公司</td><td rowspan="9">此联持票人开户行随托收凭证寄付款人开户行做借方凭证附件</td></tr>
<tr><td>账　号</td><td colspan="2">3602053919360471525</td><td>账　号</td><td colspan="11">3602033919235103205</td></tr>
<tr><td>开户银行</td><td colspan="2">工行上海徐汇营业部</td><td>开户银行</td><td colspan="11">工商银行桥南办事处</td></tr>
<tr><td colspan="2" rowspan="2">出票金额</td><td colspan="4" rowspan="2">人民币（大写） 伍佰陆拾伍万元整</td><td>亿</td><td>千</td><td>百</td><td>十</td><td>万</td><td>千</td><td>百</td><td>十</td><td>元</td><td>角</td><td>分</td></tr>
<tr><td></td><td>¥</td><td>5</td><td>6</td><td>5</td><td>0</td><td>0</td><td>0</td><td>0</td><td>0</td><td>0</td></tr>
<tr><td colspan="2">汇票到期日（大写）</td><td colspan="2">贰零贰零年柒月贰拾日</td><td rowspan="2">付款人开户行</td><td>行号</td><td colspan="11"></td></tr>
<tr><td colspan="2">交易合同号码</td><td colspan="2">********</td><td>地址</td><td colspan="11"></td></tr>
<tr><td colspan="4">本汇票已经承兑，到期无条件支付票款。

承兑人签章
承兑日期　　年　月　日</td><td colspan="13">本汇票请予以承兑于到期日付款。

出票人签章</td></tr>
</table>

凭证 2-47

广东增值税专用发票

此联不作报销、扣税凭证使用　　No 85798369

开票日期：　　年　月　日

购买方	名　　称： 纳税人识别号： 地 址、电 话： 开户行及账号：				密码区		
货物或应税劳务、服务名称	规格型号	单位	数量	单价	金额	税率	税额
合　计					¥		¥
价税合计（大写）	⊗				（小写）		
销售方	名　　称： 纳税人识别号： 地 址、电 话： 开户行及账号：				备注		

收款人：　　复核：　　开票人：　　销售方：（章）

第一联：记账联 销售方记账凭证

凭证 2-48

商业承兑汇票

2　　$\frac{A}{0}\frac{B}{1}$ 00000000

出票日期（大写）　　年　月　日

付款人	全　称		收款人	全　称	
	账　号			账　号	
	开户银行			开户银行	
出票金额	人民币（大写）			亿 千 百 十 万 千 百 十 元 角 分	
汇票到期日（大写）			付款人开户行	行号	
交易合同号码				地址	
本汇票已经承兑，到期无条件支付票款。 承兑人签章 承兑日期　年　月　日			本汇票请予以承兑于到期日付款。 出票人签章		

此联持票人开户行随托收凭证寄付款人开户行做借方凭证附件

凭证 2-49

广东增值税专用发票

此联不作报销、扣税凭证使用　　№ 85798317

国家税务总局
广东省税务局

开票日期：　　年　月　日

购买方	名　　称： 纳税人识别号： 地 址、电 话： 开户行及账号：					密码区	
货物或应税劳务、服务名称	规格型号	单位	数量	单价	金额	税率	税额
合　计					¥		¥
价税合计（大写）	⊗				（小写）		
销售方	名　　称： 纳税人识别号： 地 址、电 话： 开户行及账号：					备注	

收款人：　　复核：　　开票人：　　销售方：（章）

第一联：记账联　销售方记账凭证

凭证 2-50

商业承兑汇票　　2

$\frac{A}{0}\frac{B}{1}$ 00000000

出票日期（大写）　贰零贰零年零叁月零壹日

付款人	全　称	立元有限责任公司	收款人	全　称	南方有限责任公司
	账　号	3602033919306000398		账　号	3602033919235103205
	开户银行	工行粤东支行		开户银行	工商银行桥南办事处
出票金额	人民币（大写）	玖万零肆佰元整		亿 千 百 十 万 千 百 十 元 角 分	¥ 9 0 4 0 0 0 0
汇票到期日（大写）	贰零贰零年玖月壹日		付款人开户行	行号	
交易合同号码	********			地址	
本汇票已经承兑，到期无条件支付票款。 承兑人签章 承兑日期　年　月　日			本汇票请予以承兑于到期日付款。 出票人签章		

此联持票人开户行随托收凭证寄付款人开户行做借方凭证附件

凭证 2-51

贴现凭证（代申请书）

填写日期：2020 年 5 月 1 日　　　　第　号

申请人	名　称		贴现汇票	种　类	商业承兑汇票	号码	
	账　号			出票日			
	开户银行			到期日			
汇票承兑人（或银行）	名称		账号		开户银行		
汇票金额（即贴现金额）	人民币（大写）				千 百 十 万 千 百 十 元 角 分		
贴现率每年		千 百 十 万 千 百 十 元 角 分		实付贴现金额	千 百 十 万 千 百 十 元 角 分		
兹根据《银行结算办法》的规定，附送申请贴现，请审核。 贴现银行 申请人盖章	银行审核	负责人：　信贷员：			科目（付） 对方科目（收） 复核：　记账：		

此联银行作贴现付出传票

凭证 2-52

贴现凭证（代申请书）

填写日期：2020 年 6 月 1 日　　　　第　号

申请人	名　称		贴现汇票	种　类	商业承兑汇票	号码	
	账　号			出票日			
	开户银行			到期日			
汇票承兑人（或银行）	名称		账号		开户银行		
汇票金额（即贴现金额）	人民币（大写）				千 百 十 万 千 百 十 元 角 分		
贴现率每年		千 百 十 万 千 百 十 元 角 分		实付贴现金额	千 百 十 万 千 百 十 元 角 分		
兹根据《银行结算办法》的规定，附送申请贴现，请审核。 贴现银行 申请人盖章	银行审核	负责人：　信贷员：			科目（付） 对方科目（收） 复核：　记账：		

此联银行作贴现付出传票

凭证 2-53

中国工商银行特种转账贷方传票

2020 年 9 月 1 日

收款人	全　称	**银行		付款人	全　称	南方有限责任公司
	账　号	********			账　号	3602033919235103205
	开户银行	工商银行*支行	行号 ********		开户银行	工商银行桥南办事处　行号

金额	人民币（大写）	十	亿	千	百	十	万	千	百	十	元	角	分
	玖万零肆佰元整					¥	9	0	4	0	0	0	0

原凭证金额		赔偿金		科目（贷）
原凭证名称	商业承兑汇票	号码		对方科目（借）
转账原因	立元有限责任公司银行账户不足支付 盖章			会计　复核　记账　制票

此联作贷方凭证或支款通知　附件　张

凭证 2-54

广东增值税专用发票

国家税务总局 广东省税务局

此联不作报销、扣税凭证使用　　No 85798351

开票日期：　年　月　日

购买方	名　　称： 纳税人识别号： 地 址、电 话： 开户行及账号：					密码区	
货物或应税劳务、服务名称	规格型号	单位	数量	单价	金额	税率	税额
合　计					¥		¥
价税合计（大写）	⊗				（小写）		
销售方	名　　称： 纳税人识别号： 地 址、电 话： 开户行及账号：					备注	

收款人：　　复核：　　开票人：　　销售方：（章）

第一联：记账联　销售方记账凭证

凭证 2-55

产品出仓单

2020 年 3 月 1 日　　　　第　号

编号	产品	名称	单位	规格	数量	单价	金额 十	万	千	百	十	元	角	分
					1 000	40		4	0	0	0	0	0	0
合　计							¥	4	0	0	0	0	0	0

第三联：财务联　附件：　张

记账：　　保管：　　制票：

凭证 2-56

广东增值税专用发票

此联不作报销、扣税凭证使用　　No 85798521

国家税务总局 广东省税务局

开票日期：　年　月　日

购买方	名　称： 纳税人识别号： 地 址、电 话： 开户行及账号：					密码区	
货物或应税劳务、服务名称	规格型号	单位	数量	单价	金额	税率	税额
合　计					¥		¥
价税合计（大写）	⊗				（小写）		
销售方	名　称： 纳税人识别号： 地 址、电 话： 开户行及账号：					备注	

第一联：记账联　销售方记账凭证

收款人：　　复核：　　开票人：　　销售方：（章）

凭证 2-57

产品出仓单

2020年3月2日　　　　第　号

编号	产品	名称	单位	规格	数量	单价	金额 百	十	万	千	百	十	元	角	分
	***产品				1 000	250	¥	2	5	0	0	0	0	0	0
合　计							¥	2	5	0	0	0	0	0	0

第三联：财务联　附件：　张

记账：　　　　保管：　　　　制票：

凭证 2-58

中国工商银行　进账单　（收账通知）　3

2020年3月6日

出票人	全　称	联泰有限责任公司	收款人	全　称	南方有限责任公司
	账　号	3602523919460083760		账　号	3602033919235103205
	开户银行	工行粤西支行		开户银行	工商银行桥南办事处
金额	人民币（大写）	捌万壹仟叁佰陆拾元整		亿 千 百 十 万 千 百 十 元 角 分	¥ 8 1 3 6 0 0 0
票据种类		票据张数	1		
票据号码					
复核　　记账				收款人开户银行签章	

此联是收款人开户银行交给收款人的收账通知

凭证 2-59

中国工商银行　进账单　（收账通知）　3

2020年3月10日

出票人	全　称	立元有限责任公司	收款人	全　称	南方有限责任公司
	账　号	3602033919306000398		账　号	3602033919235103205
	开户银行	工行粤东支行		开户银行	工商银行桥南办事处

金额	人民币（大写）	亿	千	百	十	万	千	百	十	元	角	分
	伍拾伍万伍仟元整			¥	5	5	5	0	0	0	0	0

票据种类		票据张数	1	
票据号码				
复核　　记账				收款人开户银行签章

此联是收款人开户银行交给收款人的收账通知

凭证 2-60

广东增值税专用发票

国家税务总局 广东省税务局

此联不作报销、扣税凭证使用　　No 85798362

开票日期：　年　月　日

购买方	名　称： 纳税人识别号： 地址、电话： 开户行及账号：					密码区	
货物或应税劳务、服务名称	规格型号	单位	数量	单价	金额	税率	税额
合　计					¥		¥
价税合计（大写）	⊗				（小写）		
销售方	名　称： 纳税人识别号： 地址、电话： 开户行及账号：					备注	

收款人：　　复核：　　开票人：　　销售方：（章）

第一联：记账联　销售方记账凭证

凭证 2-61

产品出仓单

2020年3月12日　　　　第　号

编号	产品	名称	单位	规格	数量	单价	金额							
							十	万	千	百	十	元	角	分
	***产品				1 000	60	¥	6	0	0	0	0	0	0
合　计							¥	6	0	0	0	0	0	0

第三联：财务　附件：　张

记账：　　保管：　　制票：

凭证 2-62

中国工商银行 进账单（收账通知）　3

2020年3月30日

出票人	全　称	联盛有限责任公司	收款人	全　称	南方有限责任公司
	账　号	3602043919360472596		账　号	3602033919235103205
	开户银行	工行岭南分行		开户银行	工商银行桥南办事处

金额	人民币（大写）	壹拾万伍仟贰佰零叁元整	亿	千	百	十	万	千	百	十	元	角	分
					¥	1	0	5	2	0	3	0	0

票据种类		票据张数	1
票据号码			

复核　　记账　　　　收款人开户银行签章

此联是收款人开户银行交给收款人的收账通知

凭证 2-63

中国工商银行 转账支票存根（ ）
$\frac{A}{0}\frac{B}{2}$ 00000000
附加信息
出票日期 年 月 日
收款人：
金 额：
用 途：
单位主管 会计

本支票付款期限十天

中国工商银行 转账支票（ ） 地名 $\frac{A}{0}\frac{B}{2}$ 00000000

出票日期（大写） 年 月 日 付款行名称：
收款人： 出票人账号：

人民币（大写）	亿	千	百	十	万	千	百	十	元	角	分

用途 ______
以上款项请从
我账户内支付
出票人签章 复核 记账

凭证 2-64

广东增值税专用发票

国家税务总局 发票联 广东省税务局

No 85798612

开票日期：2020 年 3 月 3 日

购买方	名称：南方有限责任公司 纳税人识别号：91440605MA4UU2N92H 地址、电话：广州市海珠区西江大厦 020-86332866 开户行及账号：工商银行桥南办事处 3602033919235103205				密码区		
货物或应税劳务、服务名称	规格型号	单位	数量	单价	金额	税率	税额
P材料		千克	1000	80.00	80000.00	13%	10400.00
合 计					¥80000.00		¥10400.00
价税合计（大写）	⊗玖万零肆佰元整				（小写）¥90400.00		
销售方	名称：联泰有限责任公司 纳税人识别号：91440605TR4UU2Q56P 地址、电话：平州市粤西区南京大厦 0678-34567890 开户行及账号：工行粤西支行 3602523919460083760				备注	联泰有限责任公司 91440605TR4UU2Q56P 发票专用章	

收款人： 复核： 开票人： 销售方：（章）

第三联：发票联 购买方记账凭证

凭证 2-65

材料入库验收单

类别	原料及主要材料
发票编号	

编号	
来源	

验收日期：2019 年 3 月 3 日

品名	规格	单位	数量		实际价格				计划价格	
			来料数	实际数	单价	总价	运杂费	合计	单价	总价
P材料		千克	1 000	1 000	80	80 000		80 000		
合计										

第三联：会计记账联

供销主管： 验收保管： 采购： 制单：

凭证 2-66

中国工商银行 进账单 （收账通知）

3

2020年3月3日

出票人	全称	联泰有限责任公司	收款人	全称	南方有限责任公司
	账号	3602523919460083760		账号	3602033919235103205
	开户银行	工行粤西支行		开户银行	工商银行桥南办事处

金额	人民币（大写） 玖仟陆佰元整	亿	千	百	十	万	千	百	十	元	角	分
						¥	9	6	0	0	0	0

票据种类		票据张数		
票据号码				
复核 记账				收款人开户银行签章

此联是收款人开户银行交给收款人的收账通知

凭证 2-67

广东增值税专用发票

国家税务总局
发票联
广东省税务局

№ 85798335

开票日期:2020 年 3 月 5 日

购买方	名　　称：南方有限责任公司 纳税人识别号：91440605MA4UU2N92H 地 址、电 话：广州市海珠区西江大厦 020-86332866 开户行及账号：工商银行桥南办事处 3602033919235103205				密码区		
货物或应税劳务、服务名称	规格型号	单位	数量	单价	金额	税率	税额
Q材料		千克	500	200.00	100000.00	13%	13000.00
合　计					¥100000.00		¥13000.00
价税合计（大写）	⊗壹拾壹万叁仟元整					（小写）	¥113000.00
销售方	名　　称：联泰有限责任公司 纳税人识别号：91440605TR4UU2Q56P 地 址、电 话：平州市粤西区南京大厦 0678-34567890 开户行及账号：工行粤西支行 3602523919460083760				备注	联泰有限责任公司 91440605TR4UU2Q56P 发票专用章	

收款人：　　复核：　　开票人：　　销售方：（章）

第三联：发票联　购买方记账凭证

凭证 2-68

材料入库验收单

类别	原料及主要材料
发票编号	

编号	
来源	

验收日期：2020年3月5日

品名	规格	单位	数量		实际价格				计划价格	
			来料数	实际数	单价	总价	运杂费	合计	单价	总价
合计										

第三联：会计记账联

供销主管：　　验收保管：　　采购：　　制单：

凭证 2-69

中国工商银行 信汇凭证（回 单） 1

委托日期 年 月 日 第 号

<table>
<tr><td rowspan="3">汇款人</td><td>全 称</td><td colspan="11"></td><td rowspan="3">收款人</td><td>全 称</td><td colspan="11"></td></tr>
<tr><td>账 号</td><td colspan="11"></td><td>账 号</td><td colspan="11"></td></tr>
<tr><td>汇出地点</td><td colspan="11">省 市/县</td><td>汇入地点</td><td colspan="11">省 市/县</td></tr>
<tr><td colspan="2">汇出行名称</td><td colspan="11"></td><td colspan="2">汇入行名称</td><td colspan="11"></td></tr>
<tr><td rowspan="2">金额</td><td colspan="14" rowspan="2">人民币
（大写）</td><td>亿</td><td>千</td><td>百</td><td>十</td><td>万</td><td>千</td><td>百</td><td>十</td><td>元</td><td>角</td><td>分</td></tr>
<tr><td></td><td></td><td></td><td></td><td></td><td></td><td></td><td></td><td></td><td></td><td></td></tr>
<tr><td colspan="13" rowspan="2">汇入行签章</td><td colspan="2">支付密码</td><td colspan="11"></td></tr>
<tr><td colspan="13">附加信息及用途：

复核： 记账：</td></tr>
</table>

此联汇款行给汇款人的回单

凭证 2-70

借 据

部门：采购部 2020年3月8日 No. * *

今借到

人民币（大写）： 贰仟元整

用 途： 预借差旅费

第四联：会计记账

负责人：罗伟 财务主管：张镇 部门主管：王彬 会计：谢婷 出纳：陈红 经手人：王平

凭证 2-71

差旅费报销单

部门名称：财务部　　填报日期：2020 年 3 月 10 日　　单位:元

姓名	李青	职级	普通员工	出差事由	开会	出差时间	计划 2 天 实际 2 天

日期		起止地点		飞机、车、船票		其他费用				
月	日	起	止	类别	金额	项目		标准	计算天数	核报金额
3	2	广州	长沙	高铁	300	住宿费	包干报销	400	1	400
3	3	长沙	广州	高铁	300		限额报销			
						伙食补助费		100	2	200
						车、船补助费				
						其他杂支				
						小计				1 200
总计金额（大写）壹仟贰佰元整						现金收讫　预支：1500　核销：1200　补退：300				

负责人：罗伟　　财务主管：单理财　　会计：谢婷　　出纳：陈红　　经手人：李青

凭证 2-72

中国工商银行
转账支票存根（　）

$\frac{A\ B}{0\ 2}$00000000

附加信息

出票日期　　年　月　日

收款人：
金　额：
用　途：

单位主管　　会计

本支票付款期限十天

中国工商银行 转账支票（　）地名 $\frac{A\ B}{0\ 2}$00000000

出票日期（大写）　　年　月　日　　付款行名称：

收款人：　　出票人账号：

人民币（大写）	亿	千	百	十	万	千	百	十	元	角	分

用途________

以上款项请从

我账户内支付

出票人签章　　复核　　记账

凭证 2-73

水费耗用表

年　月　日　　　　单位：元

单位/个人	耗水量（m^3）	单价	总额	备注
车间			4 500	
行政部门			480	
王娟			20	
合计			5 000	

凭证 2-74

账存实存对比表

单位：元

类别及品名	规格	计量单位	单价	实存		账存		对比结果				备注
								盘盈		盘亏		
				数量	金额	数量	金额	数量	金额	数量	金额	
原材料	P 型	千克	100	95	9 500	100	10 000			5	500	

主管人员：　　　　会计：　　　　制表：

凭证 2-75

意见处理表

序号	标准条文号	意见内容	提出单位	处理意见	备注
1	【2020】第1号	朱彬保管不善	仓管部	朱彬赔偿500元	

主管：　会计：　　保管：

凭证 2-76

工资结算单

单位：元

序号	姓名	应发工资	扣除垫款	扣除赔款	实发工资
01	王娟		20		
02	朱彬			500	
… … …					
50					
合计		32 000	20	500	31 480

制表人：　　　　审核：　　　　部门主管：

凭证 2-77

中国工商银行（　）
现金支票存根

$\frac{B\ B}{0\ 2}$00000000

附加信息

出票日期　　年　月　日

收款人：	
金　额：	
用　途：	

单位主管　　会计

本支票付款期限十天

中国工商银行 现金支票（　）　地名　$\frac{B\ B}{0\ 2}$00000000

出票日期（大写）　　年　月　日　　付款行名称：
收款人：　　出票人账号：

人民币（大写）	亿	千	百	十	万	千	百	十	元	角	分

用途

上述款项请从
我账户内支付
出票人签章　　复核　　记账

凭证 2-78

广东增值税专用发票

国家税务总局 发票联 广东省税务局

No 85798912

开票日期:2020 年 3 月 3 日

购买方	名　称:南方有限责任公司 纳税人识别号:91440605MA4UU2N92H 地 址、电 话:广州市海珠区西江大厦 020-86332866 开户行及账号:工商银行桥南办事处 3602033919235103205				密码区		
货物或应税劳务、服务名称	规格型号	单位	数量	单价	金额	税率	税额
P材料		千克	125	80.00	10000.00	13%	1300.00
合　计					¥10000.00		¥1300.00
价税合计(大写)	⊗壹万壹仟叁佰元整					(小写)	¥11300.00
销售方	名　称:联泰有限责任公司 纳税人识别号:91440605TR4UU2Q56P 地 址、电 话:平州市粤西区南京大厦 0678-34567890 开户行及账号:工行粤西支行 3602523919460083760				备注	联泰有限责任公司 91440605TR4UU2Q56P 发票专用章	

收款人:　　复核:　　开票人:　　销售方:(章)

第三联:发票联 购买方记账凭证

凭证 2-79

收　据

2020年3月20日　　No. **

今收到:南方有限责任公司
人民币:贰佰元整　¥200.00
付款内容:包装物押金

第三联:交款单位

单位盖章:　　会计:*****　　出纳:*****　　经手人:*****

凭证 2-80

中国工商银行（　）
转账支票存根

$\frac{A}{0}\frac{B}{2}$00000000

附加信息

出票日期　　年　月　日

收款人：	
金　额：	
用　途：	

单位主管　　会计

本支票付款期限十天

中国工商银行　转账支票（　）地名 $\frac{A}{0}\frac{B}{2}$00000000

出票日期（大写）　　年　月　日　　付款行名称：
收款人：　　出票人账号：

人民币（大写）	亿	千	百	十	万	千	百	十	元	角	分

用途＿＿＿＿
以上款项请从
我账户内支付
出票人签章　　复核　　记账

凭证 2-81

现金收款凭证

年　月　日　　第　号

收款单位		付款单位	
金额	大写：		小写：
用途			备注：

主管：　　出纳：　　会计：　　审核：

凭证 2-82

材料入库验收单

类别	原料及主要材料
发票编号	

编号	
来源	

验收日期：2020年3月22日

品名	规格	单位	数量		实际价格				计划价格	
			来料数	实际数	单价	总价	运杂费	合计	单价	总价
P材料				125	80					
合计										

第三联：会计记账联

供销主管： 验收保管： 采购： 制单：

凭证 2-83

中国工商银行（ ）
现金支票存根

$\frac{B\ B}{0\ 2}$00000000

附加信息

出票日期 年 月 日

收款人：
金 额：
用 途：

单位主管 会计

本支票付款期限十天

中国工商银行 现金支票（ ） 地名 $\frac{B\ B}{0\ 2}$00000000

出票日期（大写） 年 月 日 付款行名称：
收款人： 出票人账号：

人民币（大写）	亿	千	百	十	万	千	百	十	元	角	分

用途
上述款项请从
我账户内支付
出票人签章 复核 记账

凭证 2-84

借　据

No. 001

部门：业务部门　　　　2020 年 3 月 25 日

今借到

人民币（大写）：壹仟元整

用　　途：部门备用金

现金付讫

第三联：会计记账

负责人：罗伟　财务主管：张镇　部门主管：王彬　会计：谢婷　出纳：陈红　经手人：刘莉

凭证 2-85

坏账准备计提表

提取率：　　　　年　月　日　　　　单位：元

项目	应收账款	坏账准备
月初结存金额		
月末结存及提取数		
加（减）计提前余额		
本月应提坏账准备		

主管：　　　　复核：　　　　制表：

凭证 2-86

坏账处理报告单

年　月　日

单位名称	金额	原因
单位领导意见：同意核销	注册会计师认定：属实	董事会或主管部门意见：同意

凭证 2-87

坏账准备计提表

提取率：　　　　年　月　日　　　　单位：元

项目	应收账款	坏账准备
月初结存金额		
月末结存及提取数		
加（减）计提前余额		
本月应提坏账准备		

主管：　　　　复核：　　　　制表：

凭证 2-88

中国工商银行 进账单（收账通知）　3

2020年3月8日

出票人	全　称	立元有限责任公司	收款人	全　称	南方有限责任公司
	账　号	3602033919306000398		账　号	3602033919235103205
	开户银行	工行粤东支行		开户银行	工商银行桥南办事处
金额	人民币（大写）	伍仟元整		亿千百十万千百十元角分	¥500000
票据种类		票据张数			
票据号码					
复核　记账				收款人开户银行签章	

此联是收款人开户银行交给收款人的收账通知

凭证 2-89

坏账处理报告单

年　月　日

单位名称	金额	原因
单位领导意见：同意核销	注册会计师认定：属实	董事会或主管部门意见：同意

凭证 2-90

坏账准备计提表

提取率：　　　　年　月　日　　　　单位：元

项目	应收账款	坏账准备
月初结存金额		
月末结存及提取数		
加（减）计提前余额		
本月应提坏账准备		

主管：　　　　复核：　　　　制表：

凭证 2-91

坏账处理报告单

年　月　日

单位名称	金额	原因
单位领导意见：同意核销	注册会计师认定：属实	董事会或主管部门意见：同意

凭证 2-92

坏账准备计提表

提取率：　　　　年　月　日　　　　单位：元

项目	应收账款	坏账准备
月初结存金额		
月末结存及提取数		
加（减）计提前余额		
本月应提坏账准备		

主管：　　　　复核：　　　　制表：

模块 3

凭证 3-1

中国工商银行（　）
转账支票存根

$\frac{AB}{02}$00000000

附加信息

出票日期　　年　月　日

收款人：	
金　额：	
用　途：	

单位主管　　会计

本支票付款期限十天

中国工商银行　转账支票（　）　地名　$\frac{AB}{02}$00000000

出票日期（大写）　　年　月　日　　付款行名称：

收款人：　　出票人账号：

人民币（大写）	亿	千	百	十	万	千	百	十	元	角	分

用途＿＿＿＿

以上款项请从

我账户内支付

出票人签章　　复核　　记账

凭证 3-2

××证券中央登记结算公司成交过户交割单

2020年1月20日　　买

公司名称	南方有限责任公司		股东编号	*******	
电脑编号	*******		申报编号	1234	
成交证券	600039	申报时间	*******	成交时间	*******
上次余额		成本价格		总金额	
本次成交	1 000 000（股）				
成交价格	10.00（元）		过户费	略	
成交数量	1 000 000（股）		印花税	略	
成交金额	10 000 000（元）		应付金额	略	
本次余额	略		附加费用	略	
本次库存	略				
本次盈亏					
实付金额	10 000 000（元）				

经办单位：**证券公司（章）　　客户签章：

凭证 3-3

公司债券交易协议

经洽谈达成以下协议：南方有限责任公司购入宝扬股份有限公司发行的公司债券，该债券是宝扬股份有限公司 2018年7月1日发行，面值3 000万元，票面利率5%，债券利息按年支付。

……

南方有限责任公司（公章）：　　　　　　宝扬股份有限公司（公章）：

法人代表（签章）：　　　　　　　　　　法人代表（签章）：

2019年1月6日　　　　　　　　　　　　2019年1月6日

凭证 3-4

中国工商银行（　）
转账支票存根

AB/02 00000000

附加信息

出票日期　　年　月　日

收款人：
金　额：
用　途：

单位主管　　　会计

本支票付款期限十天

中国工商银行　转账支票（　　）　地名　AB/02 00000000

出票日期（大写）　　年　月　日　　　付款行名称：

收款人：　　　　　　　　　　　　　　出票人账号：

人民币（大写）	亿	千	百	十	万	千	百	十	元	角	分

用途________

以上款项请从

我账户内支付

出票人签章　　　　　　　　　　　复核　　　　　记账

凭证 3-5

中国工商银行　进账单　（收账通知）

3

2019年2月6日

出票人	全　称	宝扬股份有限公司	收款人	全　称	南方有限责任公司
	账　号	3602103919047994593		账　号	3602033919235103205
	开户银行	工行岭南分行		开户银行	工商银行桥南办事处

金额	人民币（大写）	亿	千	百	十	万	千	百	十	元	角	分
	柒拾伍万元整			¥	7	5	0	0	0	0	0	0

票据种类		票据张数		
票据号码				
复核　　记账				收款人开户银行签章

此联是收款人开户银行交给收款人的收账通知

凭证 3-6

中国工商银行　进账单　（收账通知）

3

2020年1月16日

出票人	全　称	宝扬股份有限公司	收款人	全　称	南方有限责任公司
	账　号	3602103919047994593		账　号	3602033919235103205
	开户银行	工行岭南分行		开户银行	工商银行桥南办事处

金额	人民币（大写）	亿	千	百	十	万	千	百	十	元	角	分
	壹佰伍拾万元整		¥	1	5	0	0	0	0	0	0	0

票据种类		票据张数		
票据号码				
复核　　记账				收款人开户银行签章

此联是收款人开户银行交给收款人的收账通知

凭证 3-7

债券变动损益情况一览表

单位：万元

债券种类	时间	账面余额	公允价值	变动损益
宝扬股份有限公司债券	2019. 6. 30			
	2019. 12. 31			
合　计				

注：请将变动情况填于上表中。

凭证 3-8

公司债券交易协议

经洽谈达成以下协议：南方有限责任公司将持有的宝扬股份有限公司发行 的公司债券全部出售给××公司，公允价值为3 100万元。

……

南方有限责任公司（公章）：　　××公司（公章）：

法人代表（签章）：　　法人代表（签章）：

2020年1月18日　　2020年1月18日

凭证 3-9

××证券中央登记结算公司成交过户交割单

2020年1月18日　　　　　　　　卖

公司名称	南方有限责任公司		股东编号	*******	
电脑编号	*******		申报编号	1034	
成交证券	120736	申报时间	20200101	成交时间	20200118
上次余额		成本价格		总金额	
本次成交					
成交价格			过户费	略	
成交数量			印花税	略	
成交金额	31 000 000（元）		应付金额	略	
本次余额	略		附加费用	略	
本次库存	略				
本次盈亏					
实收金额	31 000 000（元）				

经办单位：**证券公司（章）　　　　　　客户签章：

凭证 3-10

中国工商银行 进账单 （收账通知）　3

2020年1月18日

出票人	全　称	宝扬股份有限公司	收款人	全　称	南方有限责任公司
	账　号	3602103919047994593		账　号	3602033919235103205
	开户银行	工行岭南分行		开户银行	工商银行桥南办事处
金额	人民币（大写）	叁仟壹佰万元整		亿千百十万千百十元角分	¥ 3 1 0 0 0 0 0 0 0 0
票据种类		票据张数			
票据号码					
复核　　记账				收款人开户银行签章	

此联是收款人开户银行交给收款人的收账通知

凭证 3-11

公司债券交易协议

经洽谈达成以下协议：南方有限责任公司于2020年1月5日购入联盛有限责任公司2019年1月5日发行的公司债券，作为持有至到期投资，该债券面值50万元，期限5年，票面利率5%，债券利息每年末支付。购买价为51万元（含已到付息期但尚未支付的利息2.5万元）。

……

南方有限责任公司（公章）：　　　　联盛有限责任公司（公章）：

法人代表（签章）：　　　　法人代表（签章）：

2020年1月5日　　　　2020年1月5日

凭证 3-12

××证券中央登记结算公司成交过户交割单

2020年1月5日　　　　买

公司名称	南方有限责任公司		股东编号	*******	
电脑编号	*******		申报编号	1034	
成交证券	120736	申报时间	20200101	成交时间	20200105
上次余额		成本价格		总金额	
本次成交					
成交价格			过户费	略	
成交数量			印花税	略	
成交金额	485 000（元）		应付金额	略	
本次余额	略		附加费用	略	
本次库存	略				
本次盈亏	15 000（元）				
实付金额	510 000（元）				

经办单位：**证券公司（章）　　　　客户签章：

凭证 3-13

中国工商银行（　）
转账支票存根

$\frac{A\ B}{0\ 2}$ 00000000

附加信息

出票日期　　年　月　日

收款人：
金　额：
用　途：

单位主管　　会计

本支票付款期限十天

中国工商银行　转账支票（　）地名 $\frac{A\ B}{0\ 2}$ 00000000

出票日期（大写）　　年　月　日　　付款行名称：
收款人：　　出票人账号：

人民币（大写）	亿	千	百	十	万	千	百	十	元	角	分

用途________
以上款项请从
我账户内支付
出票人签章　　复核　　记账

凭证 3-14

××证券中央登记结算公司成交过户交割单

2020年4月1日　　卖

公司名称	南方有限责任公司		股东编号	*******	
电脑编号	*******		申报编号	1028	
成交证券	120736	申报时间	*******	成交时间	*******
上次余额		成本价格		总金额	
本次成交					
成交价格			过户费	略	
成交数量			印花税	略	
成交金额	1 100 000（元）		应付金额	略	
本次余额	略		附加费用	略	
本次库存	略				
本次盈亏	100 000（元）				
实收金额	1 100 000（元）				

经办单位：**证券公司（章）　　客户签章：

凭证 3-15

中国工商银行 进账单 （收账通知）

3

2020年4月1日

出票人	全称	***	收款人	全称	南方有限责任公司
	账号	********		账号	3602033919235103205
	开户银行	********		开户银行	工商银行桥南办事处

金额	亿	千	百	十	万	千	百	十	元	角	分
人民币（大写）壹佰壹拾万元整		¥	1	1	0	0	0	0	0	0	0

票据种类		票据张数		出售债券收入
票据号码				
复核		记账		收款人开户银行签章

此联是收款人开户银行交给收款人的收账通知

凭证 3-16

公司债券委托交易协议

经洽谈达成以下协议：南方有限责任公司委托某证券公司将其持有的某公司债券全部出售，该债券目前公允价值990万元（成本），扣除交易费用后，该债券出售价定为1 150万元。

……

南方有限责任公司（公章）：　　某证券公司（公章）：

法人代表（签章）：　　法人代表（签章）：

2020年4月20日　　2020年4月20日

凭证 3-17

××证券中央登记结算公司成交过户交割单

2020年4月20日　　　　　　　　卖

公司名称	南方有限责任公司		股东编号	*******	
电脑编号	*******		申报编号	1028	
成交证券	120736	申报时间	*******	成交时间	*******
上次余额		成本价格		总金额	
本次成交					
成交价格			过户费	略	
成交数量			印花税	略	
成交金额	11500000（元）		应付金额	略	
本次余额	略		附加费用	略	
本次库存	略				
本次盈亏	1600000（元）				
实收金额	11500000（元）				

经办单位：**证券公司（章）　　　　客户签章：

凭证 3-18

中国工商银行　进账单　（收账通知）　3

2020年4月20日

出票人	全　称	***	收款人	全　称	南方有限责任公司
	账　号	********		账　号	3602033919235103205
	开户银行	********		开户银行	工商银行桥南办事处
金额	人民币（大写）	壹仟壹佰伍拾万元整		亿 千 百 十 万 千 百 十 元 角 分	¥ 1 1 5 0 0 0 0 0 0 0
票据种类		票据张数		出售债券收入	
票据号码					
	复核	记账		收款人开户银行签章	

此联是收款人开户银行交给收款人的收账通知

凭证 3-19

中国工商银行（ ） 转账支票存根 $\frac{A}{0}\frac{B}{2}$00000000 附加信息 出票日期 年 月 日 收款人： 金 额： 用 途： 单位主管 会计	中国工商银行 转账支票（ ） 地名 $\frac{A}{0}\frac{B}{2}$00000000 出票日期（大写） 年 月 日 付款行名称： 收款人： 出票人账号： 本支票付款期限十天 人民币（大写） 亿 千 百 十 万 千 百 十 元 角 分 用途 以上款项请从 我账户内支付 出票人签章 复核 记账

凭证 3-20

××证券中央登记结算公司成交过户交割单

2018年1月3日 买

公司名称	南方有限责任公司		股东编号	*******
电脑编号	*******		申报编号	1026
成交证券	120736	申报时间	*******	成交时间 *******
上次余额		成本价格		总金额
本次成交				
成交价格			过户费	略
成交数量	*******		印花税	略
成交金额	12 000（元）		应付金额	略
本次余额	略		交易费用	*******
本次库存	略			
本次盈亏				
实付金额	10 000（元）			

经办单位：**证券公司（章） 客户签章：

凭证 3-21

××证券中央登记结算公司成交过户交割单

2019年3月8日　　　　　　买

公司名称	南方有限责任公司		股东编号	*******	
电脑编号	*******		申报编号	1026	
成交证券	603306	申报时间	20190302	成交时间	20190308
上次余额		成本价格		总金额	
本次成交					
成交价格	5元/股		过户费	略	
成交数量	1 000 000（股）		印花税	略	
成交金额	5 000 000（元）		应付金额	略	
本次余额	略		交易费用	6 000（元）	
本次库存	略				
本次盈亏					
实付金额	5 106 000（元）				

经办单位：**证券公司（章）　　　　客户签章：

凭证 3-22

中国工商银行（　）
转账支票存根

$\frac{A}{0}\frac{B}{2}$00000000

附加信息

出票日期　　年　月　日

收款人：	
金　额：	
用　途：	

单位主管　　会计

本支票付款期限十天

中国工商银行　转账支票（　）　地名　$\frac{A}{0}\frac{B}{2}$00000000

出票日期（大写）　　年　月　日　　付款行名称：

收款人：　　出票人账号：

人民币（大写）	亿	千	百	十	万	千	百	十	元	角	分

用途 ________

以上款项请从

我账户内支付

出票人签章　　　　复核　　　　记账

凭证 3-23

中国工商银行 进账单 （收账通知） 3

2019年3月12日

<table>
<tr><td rowspan="3">出票人</td><td>全　称</td><td>宝扬股份有限公司</td><td rowspan="3">收款人</td><td>全　称</td><td colspan="11">南方有限责任公司</td></tr>
<tr><td>账　号</td><td>3602103919047994593</td><td>账　号</td><td colspan="11">3602033919235103205</td></tr>
<tr><td>开户银行</td><td>工行岭南分行</td><td>开户银行</td><td colspan="11">工商银行桥南办事处</td></tr>
<tr><td rowspan="2">金额</td><td rowspan="2" colspan="4">人民币（大写） 壹拾万元整</td><td>亿</td><td>千</td><td>百</td><td>十</td><td>万</td><td>千</td><td>百</td><td>十</td><td>元</td><td>角</td><td>分</td></tr>
<tr><td></td><td></td><td>¥</td><td>1</td><td>0</td><td>0</td><td>0</td><td>0</td><td>0</td><td>0</td><td>0</td></tr>
<tr><td colspan="2">票据种类</td><td></td><td>票据张数</td><td></td><td colspan="11" rowspan="3">现金股利收入

收款人开户银行签章</td></tr>
<tr><td colspan="2">票据号码</td><td colspan="3"></td></tr>
<tr><td colspan="5">复核　　记账</td></tr>
</table>

此联是收款人开户银行交给收款人的收账通知

凭证 3-24

股票价格变动计算表

单位：元

时间	股票成本	股票数量	公允价格（5.2元/股）	损益
2019年6月30日	5 006 000	100 万股	5 200 000	194 000
	5 200 000	100 万股		

凭证 3-25

股票价格变动计算表

单位：元

时间	股票成本	股票数量	公允价格（5元/股）	损益
2019年12月31日	5 200 000	100 万股	5 000 000	−200 000
	5 000 000	100 万股		

凭证 3-26

确认现金股利计算表

单位：元

时间	股票数量	宣告发放股利	占宝扬股份有限公司股份	应得现金股利
2020年3月26日	100 万股	20 000 000	0.5%	100 000
合 计	100 万股			100 000

凭证 3-27

中国工商银行 进账单 （收账通知） 3

2020年3月21日

<table>
<tr><td rowspan="3">出票人</td><td>全　称</td><td>宝扬股份有限公司</td><td rowspan="3">收款人</td><td>全　称</td><td colspan="11">南方有限责任公司</td></tr>
<tr><td>账　号</td><td>3602103919047994593</td><td>账　号</td><td colspan="11">3602033919235103205</td></tr>
<tr><td>开户银行</td><td>工行岭南分行</td><td>开户银行</td><td colspan="11">工商银行桥南办事处</td></tr>
<tr><td rowspan="2">金额</td><td rowspan="2">人民币（大写）</td><td colspan="3" rowspan="2">壹拾万元整</td><td>亿</td><td>千</td><td>百</td><td>十</td><td>万</td><td>千</td><td>百</td><td>十</td><td>元</td><td>角</td><td>分</td></tr>
<tr><td></td><td></td><td>¥</td><td>1</td><td>0</td><td>0</td><td>0</td><td>0</td><td>0</td><td>0</td><td>0</td></tr>
<tr><td colspan="2">票据种类</td><td></td><td>票据张数</td><td></td><td colspan="11" rowspan="3">现金股利收入

收款人开户银行签章</td></tr>
<tr><td colspan="2">票据号码</td><td colspan="3"></td></tr>
<tr><td colspan="5">复核　　　　记账</td></tr>
</table>

此联是收款人开户银行交给收款人的收账通知

凭证 3-28

证券委托交易协议

经洽谈达成以下协议：南方有限责任公司委托某证券公司将其持有的宝扬股份有限公司100万股股票以5元/股的价格全部出售。

……

南方有限责任公司（公章）：　　　　某证券公司（公章）：

法人代表（签章）：　　　　法人代表（签章）：

2020年3月31日　　　　2020年3月31日

凭证 3-29

××证券中央登记结算公司成交过户交割单

2020年3月31日　　　　卖

公司名称	南方有限责任公司		股东编号	*******	
电脑编号	*******		申报编号	1026	
成交证券	603306	申报时间	20200316	成交时间	20200331
上次余额		成本价格		总金额	
本次成交					
成交价格	5元/股		过户费	略	
成交数量	1 000 000（股）		印花税	略	
成交金额	5 000 000（元）		应付金额	略	
本次余额	略		交易费用	略	
本次库存	略				
本次盈亏					
实收金额	5 000 000（元）				

经办单位：**证券公司（章）　　　　客户签章：

凭证 3-30

中国工商银行　进账单　（收账通知）　3

2020年3月31日

出票人	全　称	*公司	收款人	全　称	南方有限责任公司
	账　号	********		账　号	3602033919235103205
	开户银行	********		开户银行	工商银行桥南办事处
金额	人民币（大写）	伍佰万元整		亿千百十万千百十元角分	¥500000000
票据种类		票据张数		出售股票收入	
票据号码					
复核　记账				收款人开户银行签章	

此联是收款人开户银行交给收款人的收账通知

凭证 3-31

证券交易协议

经洽谈达成以下协议：南方有限责任公司购入腾跃股份有限公司的股票40 000股准备长期持有，占腾跃股份有限公司51%的股份。买入价为10.5元/股（含已宣告分派的现金股利0.5元/股）。

……

南方有限责任公司（公章）：　　　　腾跃股份有限公司（公章）：

法人代表（签章）：　　　　法人代表（签章）：

2020年1月6日　　　　2020年1月6日

凭证 3-32

××证券中央登记结算公司成交过户交割单

2020年1月6日　　　　买

公司名称	南方有限责任公司		股东编号	*******	
电脑编号	*******		申报编号	1011	
成交证券	603316	申报时间	20200101	成交时间	20200106
上次余额		成本价格		总金额	
本次成交					
成交价格	10元/股		过户费	略	
成交数量	40 000（股）		印花税	略	
成交金额	400 000（元）		应付金额	略	
本次余额	略		交易费用	10 000	
本次库存	略				
木次盈亏					
实付金额	430 000（元）				

经办单位：**证券公司（章）　　　　客户签章：

凭证 3-33

中国工商银行（　）
转账支票存根

$\frac{A\ B}{0\ 2}$ 00000000

附加信息

出票日期　　年　月　日

收款人：	
金　额：	
用　途：	

单位主管　　　会计

本支票付款期限十天

中国工商银行　转账支票（　）　地名　$\frac{A\ B}{0\ 2}$ 00000000

出票日期（大写）　　年　月　日　　　付款行名称：
收款人：　　　出票人账号：

人民币（大写）	亿	千	百	十	万	千	百	十	元	角	分

用途 ______
以上款项请从
我账户内支付
出票人签章　　　　复核　　　　记账

凭证 3-34

中国工商银行　进账单　（收账通知）　3

2020年2月1日

出票人	全　称	腾跃股份有限公司	收款人	全　称	南方有限责任公司
	账　号	3602043919360078326		账　号	3602033919235103205
	开户银行	工行南沙支行		开户银行	工商银行桥南办事处

金额	人民币（大写）	亿	千	百	十	万	千	百	十	元	角	分
	贰万元整				¥	2	0	0	0	0	0	0

票据种类		票据张数		收到现金股利
票据号码				
复核　　记账				收款人开户银行签章

此联是收款人开户银行交给收款人的收账通知

凭证 3-35

中国工商银行 进账单 （收账通知） 3

2020年6月30日

出票人	全　称	腾跃股份有限公司			收款人	全　称	南方有限责任公司											
	账　号	3602043919360078326				账　号	3602033919235103205											
	开户银行	工行南沙支行				开户银行	工商银行桥南办事处											
金额	人民币（大写）	叁万元整					亿	千	百	十	万	千	百	十	元	角	分	
										¥	3	0	0	0	0	0	0	
票据种类		票据张数		发放现金股利														
票据号码																		
复核		记账		收款人开户银行签章														

此联是收款人开户银行交给收款人的收账通知

凭证 3-36

证券委托交易协议

经洽谈达成以下协议：南方有限责任公司委托某证券公司将其持有的腾跃股份有限公司40 000股股票以12元/股的价格出售。

……

南方有限责任公司（公章）：　　　　某证券公司（公章）：

法人代表（签章）：　　　　法人代表（签章）：

2020年7月8日　　　　2020年7月8日

凭证 3-37

××证券中央登记结算公司成交过户交割单

2020年7月8日　　　　卖

公司名称	南方有限责任公司		股东编号	*******	
电脑编号	*******		申报编号	1021	
成交证券	603316	申报时间	*******	成交时间	*******
上次余额		成本价格		总金额	
本次成交					
成交价格	12元/股		过户费	略	
成交数量	40 000（股）		印花税	略	
成交金额	477 000（元）		应付金额	略	
本次余额	略		交易费用	3 000（元）	
本次库存	略				
本次盈亏					
实收金额	477 000（元）				

经办单位：**证券公司（章）　　　　客户签章：

凭证 3-38

中国工商银行 进账单 （收账通知）

3

2020年7月8日

出票人	全称	*公司	收款人	全称	南方有限责任公司
	账号	********		账号	3602033919235103205
	开户银行	********		开户银行	工商银行桥南办事处
金额	人民币（大写）	肆拾柒万柒仟元整		亿千百十万千百十元角分	¥47700000
票据种类		票据张数		出售股票收入	
票据号码					
复核　记账				收款人开户银行签章	

此联是收款人开户银行交给收款人的收账通知

凭证 3-39

证券交易协议

经洽谈达成以下协议：南方有限责任公司购入C股份有限公司的股票4 000 000股准备长期持有，占C股份有限公司20%的股份。买入价为5元/股。

……

南方有限责任公司（公章）：　　　　C股份有限公司（公章）：

法人代表（签章）：　　　　法人代表（签章）：

2019年1月6日　　　　2019年1月6日

凭证 3-40

××证券中央登记结算公司成交过户交割单

2019年1月6日　　　　买

公司名称	南方有限责任公司		股东编号	*******	
电脑编号	*******		申报编号	1021	
成交证券	601205	申报时间	20190101	成交时间	20190106
上次余额		成本价格		总金额	
本次成交					
成交价格	5元/股		过户费	略	
成交数量	4 000 000（股）		印花税	略	
成交金额	20 000 000（元）		应付金额	略	
本次余额	略		交易费用	400 000（元）	
本次库存	略				
本次盈亏					
实付金额	20 400 000（元）				

经办单位：**证券公司（章）　　　　客户签章：

凭证 3-41

中国工商银行（ ）
转账支票存根

$\frac{A\ B}{0\ 2}$00000000

附加信息

出票日期 年 月 日

收款人：	
金 额：	
用 途：	

单位主管 会计

本支票付款期限十天

中国工商银行 转账支票（ ） 地名 $\frac{A\ B}{0\ 2}$00000000

出票日期（大写） 年 月 日 付款行名称：
收款人： 出票人账号：

人民币（大写）	亿	千	百	十	万	千	百	十	元	角	分

用途________
以上款项请从
我账户内支付
出票人签章 复核 记账

凭证 3-42

投资收益确认表

单位：元

时间	占被投资企业股份	被投资企业实现利润（亏损）	股票数	收益
2019年年末				
合计				

注：请将确认的南方有限责任公司投资收益填于上表。

凭证 3-43

投资收益确认表

单位：元

时间	占被投资企业股份	被投资企业实现利润（亏损）	股票数	收益
2020.6.30				
合计				

注：请将确认的南方有限责任公司投资收益填于上表。

凭证 3-44

中国工商银行　进账单　（收账通知）　3

2020年7月30日

出票人	全　称	C股份有限公司	收款人	全　称	南方有限责任公司	
	账　号	3602023919461083560		账　号	3602033919235103205	
	开户银行	工行粤东支行		开户银行	工商银行桥南办事处	
金额	人民币（大写）	捌拾万元整			亿 千 百 十 万 千 百 十 元 角 分	
					¥ 8 0 0 0 0 0 0 0	
票据种类		票据张数		现金股利收入		
票据号码						
	复核　　记账				收款人开户银行签章	

此联是收款人开户银行交给收款人的收账通知

凭证 3-45

证券委托交易协议

经洽谈达成以下协议：南方有限责任公司委托某证券公司将其持有的C股份有限公司4 000 000股股票以8元/股的价格出售。

……

南方有限责任公司（公章）：　　　　某证券公司（公章）：

法人代表（签章）：　　　　法人代表（签章）：

2020年9月3日　　　　2020年9月3日

凭证 3-46

××证券中央登记结算公司成交过户交割单

2020年9月3日　　　　　　卖

公司名称	南方有限责任公司		股东编号	*******	
电脑编号	*******		申报编号	1022	
成交证券	601205	申报时间	20200826	成交时间	20200903
上次余额		成本价格		总金额	
本次成交					
成交价格	8元/股		过户费	略	
成交数量	4 000 000（股）		印花税	略	
成交金额	32 000 000（元）		应付金额	略	
本次余额	略		交易费用	略	
本次库存	略				
本次盈亏					
实收金额	32 000 000（元）				

经办单位：**证券公司（章）　　　　客户签章：

凭证 3-47

中国工商银行 进账单 （收账通知）　3

2020年9月3日

出票人	全称	C股份有限公司	收款人	全称	南方有限责任公司
	账号	3602023919461083560		账号	3602033919235103205
	开户银行	工行粤东支行		开户银行	工商银行桥南办事处
金额	人民币（大写）	叁仟贰佰万元整			

亿	千	百	十	万	千	百	十	元	角	分
¥	3	2	0	0	0	0	0	0	0	0

票据种类		票据张数	
票据号码			

出售股票收入

复核　　　记账　　　　　　收款人开户银行签章

此联是收款人开户银行交给收款人的收账通知

凭证 3-48

广东增值税专用发票

国家税务总局 发票联 广东省税务局

No 85798373

开票日期：2020 年 5 月 6 日

购买方	名　　称：南方有限责任公司 纳税人识别号：91440605MA4UU2N92H 地 址、电 话：广州市海珠区西江大厦 020-86332866 开户行及账号：工商银行桥南办事处 3602033919235103205				密码区		
货物或应税劳务、服务名称	规格型号	单位	数量	单价	金额	税率	税额
*机器设备*设备		台	1	300000.00	300000.00	13%	39000.00
合　计					¥300000.00		¥39000.00
价税合计（大写）	⊗叁拾叁万玖仟元整					（小写）	¥339000.00
销售方	名　　称：宝扬股份有限公司 纳税人识别号：91440605TR4UU2J34W 地 址、电 话：南州市岭南区南江大厦 0660-64784560 开户行及账号：工行岭南分行 3602103919047994593				备注	宝扬股份有限公司 91440605TR4UU2J34W 发票专用章	

收款人：　　　复核：　　　开票人：　　　销售方：（章）

第三联：发票联 购买方记账凭证

凭证 3-49

广东增值税专用发票

国家税务总局 发票联 广东省税务局

No 85602643

开票日期：　　年　　月　　日

购买方	名　　称：南方有限责任公司 纳税人识别号：91440605MA4UU2N92H 地 址、电 话：广州市海珠区西江大厦 020-86332866 开户行及账号：工商银行桥南办事处 3602033919235103205				密码区		
货物或应税劳务、服务名称	规格型号	单位	数量	单价	金额	税率	税额
*运输服务*运费					6000.00	9%	540.00
合　计					¥6000.00		¥540.00
价税合计（大写）	⊗陆仟伍佰肆拾元整					（小写）	¥6 540.00
销售方	名　　称：海珠市路路通货运公司 纳税人识别号：91440400MA7EW5YY5U 地 址、电 话：广东省海珠市吉大区城丰53号 0756-2275696 开户行及账号：工行海珠分行 3602023919260044396				备注	海珠市路路通货运公司 91440400MA7EW5YY5U 发票专用章	

收款人：　　　复核：　　　开票人：　　　销售方：（章）

第三联：发票联 购买方记账凭证

凭证 3-50

中国工商银行（　）
转账支票存根

AB 02 00000000

附加信息

出票日期　　年　月　日

收款人：
金　额：
用　途：

单位主管　　会计

本支票付款期限十天

中国工商银行　转账支票（　）　地名　AB 02 00000000

出票日期（大写）　　年　月　日　　付款行名称：
收款人：　　出票人账号：

人民币（大写）	亿	千	百	十	万	千	百	十	元	角	分

用途＿＿＿＿
以上款项请从
我账户内支付
出票人签章　　复核　　记账

凭证 3-51

中国工商银行（　）
转账支票存根

AB 02 00000000

附加信息

出票日期　　年　月　日

收款人：
金　额：
用　途：

单位主管　　会计

本支票付款期限十天

中国工商银行　转账支票（　）　地名　AB 02 00000000

出票日期（大写）　　年　月　日　　付款行名称：
收款人：　　出票人账号：

人民币（大写）	亿	千	百	十	万	千	百	十	元	角	分

用途＿＿＿＿
以上款项请从
我账户内支付
出票人签章　　复核　　记账

凭证 3-52

竣工验收报告

＊＊年＊＊月＊＊日　　编号　＊＊＊＊

名　称	某机器设备	规　格	A 型	制造单位	宝扬股份有限公司	来源	购建
验收工程	某机器设备建安工程	总造价	316 000.00		使用年限	5 年	
验收小组意见	达到设计要求，验收合格。						
施工单位意见	符合设计要求，可交工。		使用部门意见		状态良好，同意验收。		

凭证 3-53

固定资产捐赠协议

经协商，诚信信息服务有限公司捐赠给南方有限责任公司一台全新车床，价税合计为232 000元。运杂费由南方有限责任公司支付。

……

诚信信息服务有限公司（公章）：　　南方有限责任公司（公章）：

法人代表（签章）：　　法人代表（签章）：

2020年5月6日　　2020年5月6日

凭证 3-54

广东增值税专用发票

国家税务总局 发票联 广东省税务局

No 85798717

开票日期：2020 年 5 月 8 日

购买方	名　　称：南方有限责任公司 纳税人识别号：91440605MA4UU2N92H 地 址、电 话：广州市海珠区西江大厦 020-86332866 开户行及账号：工商银行桥南办事处 3602033919235103205				密码区		
货物或应税劳务、服务名称	规格型号	单位	数量	单价	金额	税率	税额
*机器设备*车床		组	1		200000.00	13%	26000.00
合　计					¥200000.00		¥26000.00
价税合计（大写）	⊗贰拾贰万陆仟元整				（小写）¥226000.00		
销售方	名　　称：诚信信息服务有限公司 纳税人识别号：91440605TR4UU2L68Y 地 址、电 话：广州市粤东区北京大厦 0754-84337788 开户行及账号：工行粤东支行 3602203919161083560				备注	诚信信息服务有限公司 91440605TR4UU2L68Y 发票专用章	

收款人：　　复核：　　开票人：　　销售方：（章）

第三联：发票联 购买方记账凭证

凭证 3-55

广东增值税专用发票

（印章：全国统一发票监制章 国家税务总局 广东省税务局）

发票联

№

开票日期： 年 月 日

购买方	名称：南方有限责任公司 纳税人识别号：91440605MA4UU2N92H 地址、电话：广州市海珠区西江大厦 020-86332866 开户行及账号：工商银行桥南办事处 3602033919235103205				密码区		
货物或应税劳务、服务名称	规格型号	单位	数量	单价	金额	税率	税额
*运输服务*运费					1000.00	9%	90.00
合计					¥1000.00		¥90.00
价税合计（大写）	⊗壹仟零玖拾元整					（小写）	¥1090.00
销售方	名称：海珠市路路通货运公司 纳税人识别号：91440400MA7EW5YY5U 地址、电话：广东省海珠市吉大区城丰53号 0756-2275696 开户行及账号：工行海珠分行 3602023919260044396				备注	（印章：海珠市路路通货运公司 91440400MA7EW5YY5U 发票专用章）	

收款人： 复核： 开票人： 销售方：（章）

第三联：发票联 购买方记账凭证

凭证 3-56

中国工商银行（ ）
转账支票存根

$\frac{A\ B}{0\ 2}$ 00000000

附加信息

出票日期 年 月 日

收款人：

金 额：

用 途：

单位主管 会计

本支票付款期限十天

中国工商银行 转账支票（ ） 地名 $\frac{A\ B}{0\ 2}$ 00000000

出票日期（大写） 年 月 日 付款行名称：

收款人： 出票人账号：

人民币（大写）	亿	千	百	十	万	千	百	十	元	角	分

用途 ________

以上款项请从

我账户内支付

出票人签章 复核 记账

凭证 3-57

管理费支出汇总表

单位：总务　　　　　　　　年　月　日

项　目	凭证张数	支出金额	核销金额	备　注
修理费	1	1 000	1 000	现金支票付讫
办公费				
……				
合计			1 000	

会计：　　　　审核：　　　　制表：

凭证 3-58

中国工商银行（　）
现金支票存根

$\frac{B}{0}\frac{B}{2}$00000000

附加信息

出票日期　　年　月　日

收款人：	
金 额：	
用 途：	

单位主管　　会计

本支票付款期限十天

中国工商银行 现金支票（　）　地名　$\frac{B}{0}\frac{B}{2}$00000000

出票日期（大写）　　年　月　日　　付款行名称：

收款人：　　出票人账号：

人民币（大写）	亿	千	百	十	万	千	百	十	元	角	分

用途＿＿＿＿

以上款项请从
我账户内支付
出票人签章　　　　复核　　　　记账

凭证 3-59

固定资产盘盈报告表

2020年12月31日　　　　No. * * * * * *

固定资产名称及编号	规格型号	单位	数量	重置完全价值	成新率	估计已提折旧额	备注
* * 设备		台	1	100 000	80%	20 000	
处理意见	使用部门		清查小组			主管部门审批	
						转作营业外收入	

凭证 3-60

广东增值税专用发票

国家税务总局 发票联 广东省税务局

No 85798384

开票日期： 年 月 日

购买方	名 称：南方有限责任公司 纳税人识别号：91440605MA4UU2N92H 地 址、电 话：广州市海珠区西江大厦 020-86332866 开户行及账号：工商银行桥南办事处 3602033919235103205	密码区	

货物或应税劳务、服务名称	规格型号	单位	数量	单价	金额	税率	税额
*机器设备*设备		台	1		150000.00	13%	19500.00
合 计					¥150000.00		¥19500.00
价税合计（大写）	⊗壹拾陆万玖仟伍佰元整				（小写） ¥169500.00		

销售方	名 称：兴华有限责任公司 纳税人识别号：91440605TR4UU2H23R 地 址、电 话：德州市南海区建国大厦 0560-23456789 开户行及账号：工行南海支行 3602633919660037526	备注	兴华有限责任公司 91440605TR4UU2H23R 发票专用章

收款人： 复核： 开票人： 销售方：（章）

第三联：发票联 购买方记账凭证

凭证 3-61

广东增值税专用发票

国家税务总局 发票联 广东省税务局

No 85798520

开票日期： 年 月 日

购买方	名 称：南方有限责任公司 纳税人识别号：91440605MA4UU2N92H 地 址、电 话：广州市海珠区西江大厦 020-86332866 开户行及账号：工商银行桥南办事处 3602033919235103205	密码区	

货物或应税劳务、服务名称	规格型号	单位	数量	单价	金额	税率	税额
*运输服务*运费					1500.00	9%	135.00
合 计					¥1500.00		¥135.00
价税合计（大写）	⊗壹仟陆佰叁拾伍元整				（小写） ¥1635.00		

销售方	名 称：海珠市路路通货运公司 纳税人识别号：91440400MA7EW5YY5U 地 址、电 话：广东省海珠市吉大区城丰53号 0756-2275696 开户行及账号：工行海珠分行 3602023919260044396	备注	海珠市路路通货运公司 91440400MA7EW5YY5U 发票专用章

收款人： 复核： 开票人： 销售方：（章）

第三联：发票联 购买方记账凭证

凭证 3-62

中国工商银行（　）
转账支票存根

$\frac{A\ B}{0\ 2}$ 00000000

附加信息

出票日期　　年　月　日

收款人：	
金　额：	
用　途：	

单位主管　　会计

本支票付款期限十天

中国工商银行　转账支票（　）　地名　$\frac{A\ B}{0\ 2}$ 00000000

出票日期（大写）　　年　月　日　　付款行名称：
收款人：　　出票人账号：

人民币（大写）	亿	千	百	十	万	千	百	十	元	角	分

用途 ________
以上款项请从
我账户内支付
出票人签章　　　　复核　　　　记账

凭证 3-63

中国工商银行（　）
转账支票存根

$\frac{A\ B}{0\ 2}$ 00000000

附加信息

出票日期　　年　月　日

收款人：	
金　额：	
用　途：	

单位主管　　会计

本支票付款期限十天

中国工商银行　转账支票（　）　地名　$\frac{A\ B}{0\ 2}$ 00000000

出票日期（大写）　　年　月　日　　付款行名称：
收款人：　　出票人账号：

人民币（大写）	亿	千	百	十	万	千	百	十	元	角	分

用途 ________
以上款项请从
我账户内支付
出票人签章　　　　复核　　　　记账

凭证 3-64

中国工商银行（　）
转账支票存根

A B 00000000
0 2

附加信息

出票日期　　年　月　日

收款人：	
金　额：	
用　途：	

单位主管　　　会计

本支票付款期限十天

中国工商银行　转账支票（　）　地名　A B 00000000 0 2

出票日期（大写）　　年　月　日　　付款行名称：
收款人：　　出票人账号：

人民币（大写）	亿	千	百	十	万	千	百	十	元	角	分

用途 ______
以上款项请从
我账户内支付
出票人签章　　　　复核　　　　记账

凭证 3-65

广东增值税专用发票

国家税务总局 发票联 广东省税务局

No 85798612

开票日期：　　年　月　日

购买方	名　　称：南方有限责任公司 纳税人识别号：91440605MA4UU2N92H 地 址、电 话：广州市海珠区西江大厦 020-86332866 开户行及账号：工商银行桥南办事处 3602033919235103205				密码区		
货物或应税劳务、服务名称	规格型号	单位	数量	单价	金额	税率	税额
*机器设备*设备		台	1		500000.00	13%	65000.00
合　计					¥500000.00		¥65000.00
价税合计（大写）	⊗伍拾陆万伍仟元整					（小写）	¥565000.00
销售方	名　　称：宝扬股份有限公司 纳税人识别号：91440605TR4UU2J34W 地 址、电 话：南州市岭南区南江大厦 0660-64784560 开户行及账号：工行岭南分行 3602103919047994593				备注	宝扬股份有限公司 91440605TR4UU2J34W 发票专用章	

第三联：发票联　购买方记账凭证

收款人：　　　复核：　　　开票人：　　　销售方：（章）

凭证 3-66

广东增值税专用发票

国家税务总局
发票联
广东省税务局

№ 85276300

开票日期： 年 月 日

购买方	名　　称：南方有限责任公司 纳税人识别号：91440605MA4UU2N92H 地 址、电 话：广州市海珠区西江大厦 020-86332866 开户行及账号：工商银行桥南办事处 3602033919235103205				密码区		
货物或应税劳务、服务名称	规格型号	单位	数量	单价	金额	税率	税额
*运输服务*运费					15000.00	9%	1350.00
合　计					¥15000.00		¥1350.00
价税合计（大写）	⊗壹万陆仟叁佰伍拾元整				（小写）¥16350.00		
销售方	名　　称：海珠市路路通货运公司 纳税人识别号：91440400MA7EW5YY5U 地 址、电 话：广东省海珠市吉大区城丰53号 0756-2275696 开户行及账号：工行海珠分行 3602023919260044396				备注	海珠市路路通货运公司 91440400MA7EW5YY5U 发票专用章	

收款人： 复核： 开票人： 销售方：（章）

第三联：发票联 购买方记账凭证

凭证 3-67

中国工商银行（ ）
转账支票存根

$\frac{A\ B}{0\ 2}$00000000

附加信息

出票日期 年 月 日

收款人：
金 额：
用 途：

单位主管 会计

本支票付款期限十天

中国工商银行 转账支票（ ） 地名 $\frac{A\ B}{0\ 2}$00000000

出票日期（大写） 年 月 日 付款行名称：

收款人： 出票人账号：

人民币（大写）	亿	千	百	十	万	千	百	十	元	角	分

用途 ______

以上款项请从
我账户内支付
出票人签章 复核 记账

凭证 3-68

固定资产入账价值分割单

设备名称	待分摊金额	公允价值	分配比例/%	分配金额
甲		250 000		
乙		100 000		
丙		220 000		
丁		80 000		
合计	600 000	650 000	100	600 000

财务主管： 审核： 制表：

凭证 3-69

固定资产清理单据

年 月 日 No.

固定资产名称及编号	规格型号	单位	数量	预计使用年限	已使用年限	原始价值	已提折旧	折余价值
**设备	BS-2	台	1	10	8	560 000	400 000	160 000
固定资产状况及出售原因	状况尚可，目前闲置。							
处理意见	使用部门		技术鉴定小组		固定资产管理部门		主管部门审批	
	××				建议出售		同意	

凭证 3-70

中国工商银行（　）
转账支票存根

$\frac{A\ B}{0\ 2}$00000000

附加信息

出票日期　　年　月　日

收款人：	
金　额：	
用　途：	

单位主管　　会计

本支票付款期限十天

中国工商银行　转账支票（　）地名 $\frac{A\ B}{0\ 2}$00000000

出票日期（大写）　　年　月　日　　付款行名称：
收款人：　　出票人账号：

人民币（大写）	亿	千	百	十	万	千	百	十	元	角	分

用途________
以上款项请从
我账户内支付
出票人签章　　　　复核　　　记账

凭证 3-71

中国工商银行　进账单（收账通知）　3

年　月　日

出票人	全　称	立元有限责任公司	收款人	全　称	南方有限责任公司
	账　号	3602033919306000398		账　号	3602033919235103205
	开户银行	工行粤东支行		开户银行	工商银行桥南办事处

金额	人民币（大写）贰拾万元整	亿	千	百	十	万	千	百	十	元	角	分
				¥	2	0	0	0	0	0	0	0

票据种类		票据张数	
票据号码			

复核　　记账　　　　收款人开户银行签章

此联是收款人开户银行交给收款人的收账通知

凭证 3-72

固定资产清理损益计算单

****年**月**日　　　　No.****

固定资产名称及编号	规格型号	单位	数量	预计使用年限	已使用年限
设备*号	BS-2	台	1	10	8
原始价值	已提折旧	折余价值	清理费用	清理收入	清理净收益
560 000	400 000	160 000	4 500	200 000	35 500

财务主管：　　　　审核：　　　　制表：

凭证 3-73

固定资产改造报批表

****年**月**日　　　　No.*****

固定资产名称及编号	规格型号	单位	数量	原始价值	已提折旧	已提减值准备	转入在建工程价值
**生产线*号	AB-100	条	1	15 000 000	3 000 000	1 000 000	1 100 000
固定资产状况及改造原因	经过两年的使用，性能有所下降，加之换代技术出现，急需要改造，以提高生产效率和效果。						
处理意见	使用部门		技术鉴定小组		固定资产管理部门		主管部门审批
	需要改造		需要改造		拟同意，请上级指示		同意

凭证 3-74

中国工商银行 进账单 （收账通知） 3

年 月 日

出票人	全称	*公司		收款人	全称	南方有限责任公司											
	账号	********			账号	3602033919235103205											
	开户银行	********			开户银行	工商银行桥南办事处											
金额	人民币（大写）	壹拾万元整				亿	千	百	十	万	千	百	十	元	角	分	
								¥	1	0	0	0	0	0	0	0	
票据种类		票据张数															
票据号码																	
复核 记账				收款人开户银行签章													

此联是收款人开户银行交给收款人的收账通知

凭证 3-75

工程物资出仓单

2020年 5 月10日　　　　第****号

编号	材料名称	单位	规格	数量	单价	金额							
						十	万	千	百	十	元	角	分
1	甲	吨		100	3 000	3	0	0	0	0	0	0	0
2	乙	袋		1 000	20		2	0	0	0	0	0	0
3	丙	件		250	1 000	2	5	0	0	0	0	0	0
4	丁	kg		100	300		3	0	0	0	0	0	0
合计						6	0	0	0	0	0	0	0

第三联：财务　附件：　张

记账：　　保管：　　制表：

凭证 3-76

工资费用分配表

2020　年　5　月

单位：元

应借账户	成本或费用明细项目		生产工时(小时)	分配率	工资费用	合计
	—					
		直接工资	—	—	—	—
	小计		—	—	—	—
制造费用	—	—	—	—	200 000	200 000
在建工程	×生产线改造工程	工资				
管理费用		工资	—	—	—	—
合计			—	—	200 000	200 000

财务主管：　　　　　　　　审核：　　　　　　　　制表：

凭证 3-77

水电费分配表

2020年6月

单位：元

部　门	水　费	电　费	金额合计	备注
生产车间	10 000	40 000	50 000	
其他部门	4 000	6 000	10 000	

主管：　　　　　　　　制表：　　　　　　　　复核：

凭证 3-78

中国工商银行（　）
转账支票存根

$\frac{A\ B}{0\ 2}$00000000

附加信息

出票日期　　年　月　日

收款人：

金 额：

用 途：

单位主管　　　会计

本支票付款期限十天

中国工商银行 转账支票（　）　地名　$\frac{A\ B}{0\ 2}$00000000

出票日期（大写）　　年　月　日　　　付款行名称：

收款人：　　　　　　　　　　　　　出票人账号：

人民币（大写）	亿	千	百	十	万	千	百	十	元	角	分

用途 ________

以上款项请从
我账户内支付
出票人签章　　　　　　　　　复核　　　　　记账

凭证 3-79

中国工商银行( )
转账支票存根

$\frac{A\ B}{0\ 2}$00000000

附加信息

出票日期 年 月 日

收款人:	
金 额:	
用 途:	

单位主管 会计

本支票付款期限十天

中国工商银行 转账支票( ) 地名 $\frac{A\ B}{0\ 2}$00000000

出票日期(大写) 年 月 日 付款行名称:
收款人: 出票人账号:

人民币(大写)	亿	千	百	十	万	千	百	十	元	角	分

用途______
以上款项请从
我账户内支付
出票人签章

复核 记账

凭证 3-80

中国工商银行 进账单 (收账通知) 3

年 月 日

出票人	全称	*公司	收款人	全称	南方有限责任公司
	账号	********		账号	3602033919235103205
	开户银行	********		开户银行	工商银行桥南办事处

金额	人民币(大写) 伍万元整	亿	千	百	十	万	千	百	十	元	角	分
					¥	5	0	0	0	0	0	0

票据种类		票据张数	
票据号码			

复核 记账

收款人开户银行签章

此联是收款人开户银行交给收款人的收账通知

凭证 3-81

竣工验收报告

＊＊年＊＊月＊＊日　　　　编号　＊＊　＊＊

名　称	某生产线改造项目	规 格		制造单位	宝扬股份有限公司	来源	改造
验收工程	某生产线建安工程	总造价	11 710 000.00	使用年限	10 年		
验收小组意见	达到设计要求，验收合格。						
施工单位意见	符合设计要求，可交工。		使用部门意见	状态良好，同意验收。			

凭证 3-82

材料出仓单

年月**日　　　　第****号

编号	材料名称	单位	规格	数量	单价	金额							
						十	万	千	百	十	元	角	分
1	A材料	袋		400	20			8	0	0	0	0	0
2	B材料	吨		4	3 000		1	2	0	0	0	0	0
合　计						¥	2	0	0	0	0	0	0

第三联：财务联　附件：　张

记账：　　　　保管：　　　　制票：

凭证 3-83

工资费用分配表

2020年1月　　　　单位：元

应借账户	成本或费用明细项目		生产工时(小时)	分配率	工资费用	合计
基本生产成本		直接工资	…	…	…	…
	小计		…	…	…	…
制造费用	…	…	…	…	…	…
在建工程	X 生产线改造工程	工资				5 000
合计			…	…		5 000

财务主管：　　　　审核：　　　　制表：

凭证 3-84

固定资产减值准备计提表

单位：元

资产名称	账面价值	目前的公允价值	未来现金流量的现值	账面价值与可回收金额之间的差额	应计提固定资产减值准备金额
××设备	2 300 000	2 000 000	2 136 521	163 479	163 479

财务主管： 审核： 制表：

凭证 3-85

材料出仓单

2020年5月21日 第 ** ** 号

编号	材料名称	单位	规格	数量	单价	金额 十	万	千	百	十	元	角	分
1	某材料	件		1 000	100	1	0	0	0	0	0	0	0
2													
合 计						1	0	0	0	0	0	0	0

第三联：财务联 附件： 张

记账： 保管： 制票：

凭证 3-86

工资结算表

部门：研发部

编号	姓名	职务	日工资率	出勤天数	基本工资	加班工资	全勤奖金	迟到 请假	迟到/早退	旷工	罚款	小计	应付工资	外宿补贴	扣款 生活费	厂服费	超电费	借款	实发工资	签名
1	××	××											20 000						20 000	
2	××	××											20 000						20 000	
3	××	××											10 000						10 000	
合 计													50 000						50 000	

注：1. 基本工资=出勤天数×日工资率

2. 应付工资=基本工资+加班工资+全勤奖−扣发小计

3. 实发工资=应付工资+外宿补贴−扣款

凭证 3-87

行政事业性收费收据（3）

2020年5月26日　　行事费 No.

交款单位	南方有限责任公司	支付方式	银行转账
人民币（大写）	捌万元整		千 百 十 万 千 百 十 元 角 分 ¥ 8 0 0 0 0 0 0
收费项目	专利注册费	许可证号码	********
收费标准		计费基数	
上述款项依据　发（字）　年　第　号等上级文件规定收讫无误 收款单位专用章：	会计主管	出纳员	收款人　交款人

此联给交费单位做报销依据

使用规定：①凡经批准已领取收费许可证的收费单位，均应使用财政局制发的本收费收据。
②本收据复写一式四联，不得涂改。如写错，不得撕毁，保留存根。

凭证 3-88

中国工商银行（　）
转账支票存根

$\frac{A\ B}{0\ 2}$00000000

附加信息

出票日期　年　月　日

收款人：	
金　额：	
用　途：	

单位主管　会计

本支票付款期限十天

中国工商银行 转账支票（　）地名 $\frac{A\ B}{0\ 2}$00000000

出票日期（大写）　年　月　日　　付款行名称：
收款人：　　出票人账号：

人民币（大写）	亿	千	百	十	万	千	百	十	元	角	分

用途________
以上款项请从
我账户内支付
出票人签章　　复核　　记账

凭证 3-89

专利权投资协议书

经双方协商，宝扬股份有限公司以一项专利权向南方有限责任公司投资。该项专利剩余有效期为3年，账面价值700 000元，累计摊销60 000元，已计提减值准备20 000元。经评估和双方确认的公允价值为1 000 000元。

……

投资单位：×××（章）　　被投资单位：×××（章）

法人代表：签名（章）　　法人代表：签名（章）

20××年×月×日　　20××年×月×日

凭证 3-90

固定资产改造、大修理审批表

名　称	东风货车	数　量	1
规格型号	××运输车	单价	19 200
厂牌	东风	总计金额	19 200
附属设施		需要费用	
主要用途	运输	改造 修理 原因	大修

财务总监：　　主管：　　经办人：

凭证 3-91

中国工商银行（ ）
转账支票存根

$\frac{A}{0}\frac{B}{2}$00000000

附加信息

出票日期 年 月 日

收款人：	
金 额：	
用 途：	

单位主管 会计

本支票付款期限十天

中国工商银行 转账支票（ ） 地名 $\frac{A}{0}\frac{B}{2}$00000000

出票日期（大写） 年 月 日 付款行名称：
收款人： 出票人账号：

人民币（大写）	亿	千	百	十	万	千	百	十	元	角	分

用途 ________
以上款项请从
我账户内支付
出票人签章 复核 记账

凭证 3-92

合 同 书

经双方协商，南方有限责任公司以150 000元出售××专利权的所有权给某公司。

……

出售方：南方有限责任公司（章） 购买方：某公司（章）

法人代表：××× 法人代表：×××

2020年12月6日 2020年12月6日

凭证 3-93

中国工商银行 进账单 （收账通知） 3

出票人	全称	*公司	收款人	全称	南方有限责任公司
	账号	********		账号	3602033919235103205
	开户银行	********		开户银行	工商银行桥南办事处

金额	人民币（大写）	亿	千	百	十	万	千	百	十	元	角	分
	壹拾伍万元整			¥	1	5	0	0	0	0	0	0

票据种类		票据张数	
票据号码			

复核 记账

收款人开户银行签章

此联是收款人开户银行交给收款人的收账通知

凭证 3-94

中华人民共和国
税收专用缴款书

注册类型：有限公司 填发日期： 征收机关：

缴款单位（人）	代码		预算科目	编码	
	全称			名称	
	开户银行			级次	
	账号		收款国库		

税款所属时期　　税款限缴日期

品目名称	课税数量	计税金额或销售收入	税率或单位税额	已缴或单位税额	实缴金额 亿	千	百	十	万	千	百	十	元	角
金额合计	人民币（大写）													

缴款单位（人） 签章 经办人（章）	税务机关 签章 填票人（章）	上列款项已收妥并划转收款单位账户 国库（银行）盖章 年 月 日	备注	

逾期不缴按税法规定加收滞纳金

模块 4

凭证 4-1

中国工商银行转账支票存根（ ）

$\frac{A\ B}{0\ 2}$ 00000000

附加信息

出票日期 年 月 日

收款人：

金 额：

用 途：

单位主管 会计

本支票付款期限十天

中国工商银行 转账支票（ ） 地名 $\frac{A\ B}{0\ 2}$ 00000000

出票日期（大写） 年 月 日 付款行名称：

收款人： 出票人账号：

人民币（大写）	亿	千	百	十	万	千	百	十	元	角	分

用途________

以上款项请从

我账户内支付

出票人签章 复核 记账

凭证 4-2

工资结算汇总表

2020年7月 单位：元

人员类别	基本工资	补贴	应发工资	代扣房租	代扣个税	代扣住房公积金	代扣社保	实发	职工人数
车间工人	120 000	50 000	170 000	20 000	0	15 000	8 800	126 200	30
车间管理人员	30 000	5 000	35 000	3 000	500	3 000	1 500	27 000	3
销售人员	15 000	6 000	21 000	0	300	2 000	1 000	17 700	2
行政人员	200 000	80 000	280 000	20 000	3 000	15 000	9 780	232 220	30
合计	365 000	141 000	506 000	43 000	3 800	35 000	21 080	403 120	65

凭证 4-3

广东省税收库行联网电子缴税（费）凭证

征收机关：037384984

收缴国库：×市中心支库　　填发日期：20200710　　电子缴税号：38874393

纳税人识别码：91440605MA4UU2N92H	纳税人账户名称：南方有限责任公司
纳税人名称：南方有限责任公司	纳税人账号：3602033919235103205
税款限缴期：20200715	纳税人开户行：工商银行
税种税目：个人所得税——工资薪金	金额：3 800.00
纳税金额合计　大写：叁仟捌佰元整	小写：3 800.00
上述款项已划缴：　　扣缴日期：20200710	
税款所属期：20200601-20200630　　银行盖章：	经办：

凭证 4-4

广东省税收库行联网电子缴税（费）凭证

征收机关：85543780

收缴国库：×市中心支库　　填发日期：20200710　　电子缴税号：0854325

纳税人识别码：91440605MA4UU2N92H	纳税人账户名称：南方有限责任公司
纳税人名称：南方有限责任公司	纳税人账号：3602033919235103205
税款限缴期：20200715	纳税人开户行：工商银行
税种税目：基本养老保险——单位费率	金额：21 080
基本养老保险——个人费率	金额：21 080
住房公积金——单位费率20200710	金额：35 000
住房公积金——个人费率	金额：35 000
纳税金额合计　大写：拾壹万贰仟壹佰陆拾元整	小写：112 160.00
上述款项已划缴：　　扣缴日期：20200710	
税款所属期：20200601-20200630　　银行盖章：	经办：

凭证 4-5

申 请 书

本人因妻子长期生病卧床，儿子还在读书，家庭生活非常困难。现申请3 000元困难补助，以缓解目前的困境。望给予批准。

情况属实， 部门经理 王林　　　　申请人 唐南

准予补助。 总经理 张科　　　　2020.07.15

凭证 4-6

现金支出单

附件1张　　　　2020年7月15日　　　　第6号

<table>
<tr><td rowspan="2">现金支出内容</td><td colspan="6">金 额</td><td>附原始单据</td><td>张</td></tr>
<tr><td></td><td></td><td></td><td></td><td></td><td></td><td colspan="2" rowspan="3">经办：
部门：
主管：</td></tr>
<tr><td></td><td></td><td></td><td></td><td></td><td></td><td></td></tr>
<tr><td></td><td></td><td></td><td></td><td></td><td></td><td></td></tr>
<tr><td></td><td></td><td></td><td></td><td></td><td></td><td></td><td colspan="2" rowspan="2">验收：
证明人：</td></tr>
<tr><td></td><td></td><td></td><td></td><td></td><td></td><td></td></tr>
<tr><td></td><td></td><td></td><td></td><td></td><td></td><td></td><td colspan="2" rowspan="2">报销或领款人
（签章）：</td></tr>
<tr><td colspan="7">合计（大写）：</td></tr>
</table>

凭证 4-7

×市其他收入发票

顾客名称及地址：南方有限责任公司　　2020年7月18日　　No. 193984

服务项目	单 位	数 量	单 价	金额 十	万	千	百	十	元	角	分
公寓房租	套	2	1 500			3	0	0	0	0	0
合计金额（大写） 叁仟元整					¥	3	0	0	0	0	0

②发票联

收款单位（盖章有效）：万华公寓管理公司　　收款人：　　开票人：

凭证 4-8

中国工商银行（　）
现金支票存根

BB/02 00000000

附加信息

出票日期　　年　月　日

收款人：	
金 额：	
用 途：	

单位主管　　会计

本支票付款期限十天

中国工商银行 现金支票（　） 地名 BB/02 00000000

出票日期（大写）　　年　月　日　　付款行名称：

收款人：　　出票人账号：

人民币（大写）	亿	千	百	十	万	千	百	十	元	角	分

用途________

上述款项请从
我账户内支付
出票人签章　　复核　　记账

凭证 4-9

行政事业性收费收据（3）

2020年7月20日　　穗行事费　No.73983678

交款单位	南方有限责任公司	支付方式	现金
人民币（大写）	壹仟柒佰元整	千 百 十 万 千 百 十 元 角 分	¥ 1 7 0 0 0 0
收费项目	培训费	许可证号码	
收费标准	1 700元	计费基数	
收款单位专用章：	会计主管	出纳员	收款人　交款人

此联给交费单位做报销依据

使用规定：①凡经批准已领取收费许可证的收费单位，均应使用财政局制发的本收费收据。

②本收据复写一式四联，不得涂改。如写错，不得撕毁，保留存根。

凭证 4-10

中国工商银行（　）
现金支票存根

BB 02 00000000

附加信息

出票日期　年　月　日

收款人：
金 额：
用 途：

单位主管　会计

本支票付款期限十天

中国工商银行 现金支票（　）地名 BB 02 00000000

出票日期（大写）　年　月　日　　付款行名称：

收款人：　　出票人账号：

人民币（大写）	亿	千	百	十	万	千	百	十	元	角	分

用途________

上述款项请从

我账户内支付

出票人签章　　复核　　记账

凭证 4-11

工资薪金分配表

2020年07月30日

单位：元

应借账户	车间	行政管理部门	销售部门	提取住房公积金	提取社保	合计
生产成本——A 产品	107 000			9 441.18	5 538.82	121 980
生产成本——B 产品	63 000			5 558.82	3 261.18	71 820
制造费用	35 000			3 000	1 500	39 500
管理费用		280 000		15 000	9 780	304 780
销售费用			21 000	2 000	1 000	24 000
合计	205 000	280 000	21 000	35 000	21 080	562 080

凭证 4-12

三费计提表

2020年07月30日

单位：元

应借账户	计提基数	福利费（8%）	工会经费（2%）	职工培训费（1.5%）	合计
生产成本——A 产品	107 000	8 560	2 140	1 605	119 305
生产成本——B 产品	63 000	5 040	1 260	945	70 245
制造费用	35 000	2 800	700	525	39 025
管理费用	280 000	22 400	5 600	4 200	312 200
销售费用	21 000	1 680	420	315	23 415
合　计	506 000	40 480	10 120	7 590	564 190

凭证 4-13

中国工商银行 借款凭证（收账通知）

2020年7月1日　　贷字748号

<table>
<tr><td>借款单位全称</td><td>南方有限责任公司</td><td>借款户账号</td><td>009-0249-0089383</td><td>存款户账号</td><td colspan="10">009-0249-0071373</td></tr>
<tr><td rowspan="2">申请借款金额
人民币（大写）</td><td colspan="4" rowspan="2">壹拾伍万元整</td><td>千</td><td>百</td><td>十</td><td>万</td><td>千</td><td>百</td><td>十</td><td>元</td><td>角</td><td>分</td></tr>
<tr><td></td><td>¥</td><td>1</td><td>5</td><td>0</td><td>0</td><td>0</td><td>0</td><td>0</td><td>0</td></tr>
<tr><td>贷款种类</td><td>短期贷款</td><td>年利息率　6%</td><td colspan="12">约定还款日期：　2020年9月30日</td></tr>
<tr><td colspan="3">上列款项已核准发放，并转入你单位存款账户。

（银行签章）
2019年7月1日</td><td colspan="12">备注：

本金到期后一次归还；利息按季支付。</td></tr>
</table>

此联由借款单位结算户开户行退回借款单位

凭证 4-14

借款利息计算表

2020年07月31日

摘要	应借账户	金额
合计		

财务主管：　　审核：　　制单：

凭证 4-15

借款利息计算表

2020年08月31日

摘要	应借账户	金额
合计		

财务主管：　　审核：　　制单：

凭证 4-16

工商银行放款利息通知单（代传票）

2020年9月30日

<table>
<tr><td>户　名</td><td colspan="2">南方有限责任公司</td><td>账　户</td><td colspan="7">009-0249-0071373</td></tr>
<tr><td>利息计算时间</td><td>2020年 7月1日起
9月30日止</td><td colspan="2">利息基数：1 800元</td><td colspan="7">利率：年率6%</td></tr>
<tr><td rowspan="2">利息金额</td><td colspan="3" rowspan="2">人民币（大写）：壹仟捌佰元整</td><td>万</td><td>千</td><td>百</td><td>十</td><td>元</td><td>角</td><td>分</td></tr>
<tr><td>¥</td><td>1</td><td>8</td><td>0</td><td>0</td><td>0</td><td>0</td></tr>
<tr><td colspan="3">上列利息已由你公司存款户扣除。

中国工商银行广州市分行</td><td colspan="8">科目
转账　　年　月　日
复核：　　记账：　　制单：</td></tr>
</table>

凭证 4-17

中国工商银行某支行短期贷款

2020年09月30日

借款人名称	南方有限责任公司
借款金额	壹拾伍万元整
借款期限	2020 年 07 月 01 日—2020 年 09 月 30 日
偿还方式	扣划
借款利率	年率 6%
借款利息	壹仟捌佰元整
利息划扣日期	已扣

凭证 4-18

××银行特种转账凭证

年　月　日

<table>
<tr><td rowspan="2">付款人</td><td>名称</td><td colspan="13"></td></tr>
<tr><td>账号</td><td></td><td>开户银行</td><td colspan="11"></td></tr>
<tr><td rowspan="2">收款人</td><td>名称</td><td colspan="13"></td></tr>
<tr><td>账号</td><td></td><td>开户银行</td><td colspan="11"></td></tr>
<tr><td colspan="2" rowspan="2">余额（大写）</td><td colspan="2" rowspan="2"></td><td>亿</td><td>千</td><td>百</td><td>十</td><td>万</td><td>千</td><td>百</td><td>十</td><td>元</td><td>角</td><td>分</td></tr>
<tr><td></td><td></td><td></td><td></td><td></td><td></td><td></td><td></td><td></td><td></td><td></td></tr>
<tr><td colspan="15">转账原因：</td></tr>
</table>

凭证 4-19

工资费用分配表

2020年08月31日　　　　单位：元

项　目	部　门		
	销售部门	其他部门	合计
工资及福利费	57 000	80 000	137 000
其中：福利	7 000	12 800	19 800
合计	57 000	80 000	137 000

凭证 4-20

固定资产折旧费、修理费计提表

2020年8月31日　　　　单位：元

使用部门		固定资产类别				金　额
		建筑物	机器设备	运输工具	其他设备	
管理部门	修理	500				500
	折旧		2 000			2 000
合计		500	2 000			2 500

凭证 4-21

工商银行放款利息通知单（代传票）

2020年8月31日

户　名	南方有限责任公司	账　户							
利息计算时间	年　月　日起 　　月　日止	利息基数：	利率：						
利息金额	人民币（大写）：贰仟叁佰肆拾元整	万	千	百	十	元	角	分	
		¥	2	3	4	0	0	0	
上列利息已由你厂存款户扣除。 工商银行	科目 转账　年　月　日 复核：　记账：　制单：								

凭证 4-22

广东增值税专用发票

国家税务总局 发票联 广东省税务局

No 85798962

开票日期：2020 年 9 月 14 日

购买方	名 称：南方有限责任公司 纳税人识别号：91440605MA4UU2N92H 地 址、电 话：广州市海珠区西江大厦 020-86332866 开户行及账号：工商银行桥南办事处 3602033919235103205				密码区		
货物或应税劳务、服务名称	规格型号	单位	数量	单价	金额	税率	税额
*运输服务*运费					20000.00	9%	1800.00
合 计					¥20000.00		¥1800.00
价税合计（大写）	⊗贰万壹仟捌佰元整				（小写）¥21800.00		
销售方	名 称：海珠市路路通货运公司 纳税人识别号：91440400MA7EW5YY5U 地 址、电 话：广东省海珠市吉大区城丰53号 0756-2275696 开户行及账号：工行海珠分行 3602023919260044396				备注	海珠市路路通货运公司 91440400MA7EW5YY5U 发票专用章	

收款人： 复核： 开票人： 销售方：（章）

第三联：发票联 购买方记账凭证

凭证 4-23

材料入库验收单

类别	原料及主要材料
发票编号	

编号	
来源	

验收日期： 年 月 日

品名	规格	单位	数量		实际价格				计划价格	
			来料数	实际数	单价	总价	运杂费	合计	单价	总价
合计										

第三联：会计记账联

供销主管： 验收保管： 采购： 制单：

凭证 4-24

广东增值税专用发票

国家税务总局 发票联 广东省税务局

№ 85798393

开票日期：2020 年 9 月 14 日

购买方	名 称：南方有限责任公司 纳税人识别号：91440605MA4UU2N92H 地 址、电 话：广州市海珠区西江大厦 020-86332866 开户行及账号：工商银行桥南办事处 3602033919235103205				密码区		
货物或应税劳务、服务名称	规格型号	单位	数量	单价	金额	税率	税额
M材料		平方米	1000	500	500000.00	13%	65000.00
合 计					¥500000.00		¥65000.00
价税合计（大写）	⊗伍拾陆万伍仟元整				（小写）¥565000.00		
销售方	名 称：兴华有限责任公司 纳税人识别号：91440605TR4UU2H23R 地 址、电 话：德州市南海区建国大厦 0560-23456789 开户行及账号：工行南海支行 3602633919660037526				备注	兴华有限责任公司 91440605TR4UU2H23R 发票专用章	

收款人： 复核： 开票人： 销售方：（章）

第三联：发票联 购买方记账凭证

凭证 4-25

中国工商银行（ ）
转账支票存根

$\frac{A\ B}{0\ 2}$ 00000000

附加信息

出票日期 年 月 日

收款人：	
金 额：	
用 途：	

单位主管 会计

本支票付款期限十天

中国工商银行 转账支票（ ） 地名 $\frac{A\ B}{0\ 2}$ 00000000

出票日期（大写） 年 月 日 付款行名称：

收款人： 出票人账号：

人民币（大写）	亿	千	百	十	万	千	百	十	元	角	分

用途________

以上款项请从

我账户内支付

出票人签章

复核 记账

凭证 4-26

中国工商银行（　）
现金支票存根

$\frac{B\ B}{0\ 2}$ 00000000

附加信息

出票日期　　年　月　日

收款人：	
金 额：	
用 途：	

单位主管　　　会计

本支票付款期限十天

中国工商银行 现金支票（　）地名 $\frac{B\ B}{0\ 2}$ 00000000

出票日期（大写）　　年　月　日　　　付款行名称：
收款人：　　　　　　　　　　　　　　出票人账号：

人民币（大写）	亿	千	百	十	万	千	百	十	元	角	分

用途________
上述款项请从
我账户内支付
出票人签章　　　　　　　　　复核　　　　　记账

凭证 4-27

广东省农产品收购凭证

收款人：周明
收购地点：广东廉江大华镇　　　　2020年9月20号　　　　No. 272334

项目	单位	数量	单价	金额							
				十	万	千	百	十	元	角	分
B	千克	10 000	12	1	2	0	0	0	0	0	0
合计金额（大写）	壹拾贰万元整			1	2	0	0	0	0	0	0

②发票联

收款单位（盖章有效）：南方有限责任公司　　　付款人：张众　　　　开票人：何敏

凭证 4-28

广东增值税专用发票

国家税务总局
发票联
广东省税务局

No 85798367

开票日期：2020 年 9 月 22 日

购买方	名　　称：南方有限责任公司 纳税人识别号：91440605MA4UU2N92H 地 址、电 话：广州市海珠区西江大厦 020-86332866 开户行及账号：工商银行桥南办事处 3602033919235103205				密码区		
货物或应税劳务、服务名称	规格型号	单位	数量	单价	金额	税率	税额
*非金属矿物制品*水泥		吨	200	1000.00	200000.00	13%	26000.00
合　计					¥200000.00		¥26000.00
价税合计（大写）	⊗贰拾贰万陆仟元整				（小写）¥226000.00		
销售方	名　　称：华润水泥公司 纳税人识别号：91440605TR4UU2U45R 地 址、电 话：东山市北海区国庆大厦 0680-78945612 开户行及账号：工行北海支行 3602713919560028978				备注	华润水泥公司 91440605TR4UU2U45R 发票专用章	

收款人：　　复核：　　开票人：　　销售方：（章）

第三联：发票联　购买方记账凭证

凭证 4-29

产品出仓单

年　月　日　　　　第　号

编号	产品名称	单位	规格	数量	单价	金额							
						十	万	千	百	十	元	角	分
	教学工具	箱		1 000	80	¥	8	0	0	0	0	0	0
合　计						¥	8	0	0	0	0	0	0

记账：　　保管：　　制票：

第三联：财务　附件：　张

凭证 4-30

捐赠协议

南方有限责任公司向希望小学捐赠教学工具1 000箱，总成本80 000元，市场销售价100 000元。

……

捐赠单位：南方有限责任公司　　　　接收单位：希望小学

法人代表：××　　　　法人代表：××

2020年7月24日　　　　2020年7月24日

凭证 4-31

广东增值税专用发票

国家税务总局
广东省税务局

此联不作报销、扣税凭证使用　　No 85798513

开票日期：　　年　　月　　日

<table>
<tr><td>购买方</td><td colspan="5">名　　称：
纳税人识别号：
地 址、电 话：
开户行及账号：</td><td>密码区</td><td colspan="2"></td></tr>
<tr><td colspan="2">货物或应税劳务、服务名称</td><td>规格型号</td><td>单位</td><td>数量</td><td>单价</td><td>金额</td><td>税率</td><td>税额</td></tr>
<tr><td colspan="2">合　计</td><td></td><td></td><td></td><td></td><td>¥</td><td></td><td>¥</td></tr>
<tr><td colspan="2">价税合计（大写）</td><td colspan="7">⊗ 万　仟　佰　拾　元　角　分　（小写）¥</td></tr>
<tr><td>销售方</td><td colspan="5">名　　称：
纳税人识别号：
地 址、电 话：
开户行及账号：</td><td>备注</td><td colspan="2"></td></tr>
</table>

第一联：记账联　销售方记账凭证

收款人：　　复核：　　开票人：　　销售方：（章）

凭证 4-32

中国工商银行　转账支票　（ ）　　A B 00000000 0 2

出票日期（大写）贰零贰零年 零柒　月贰拾肆日　　付款行名称：********

收款人：南方有限责任公司　　出票人账号：********

本支票付款期限十天

人民币（大写）	壹佰叁拾伍万陆仟元整	亿	千	百	十	万	千	百	元	十	角	分
			¥	1	3	5	6	0	0	0	0	0

用途 采购

以上款项请从
我账户内支付
出票人签章　　　　复核　　　　记账

凭证 4-33

产品出仓单

2020 年 9 月 24 日　　　　第　号

编号	产品名称	单位	规格	数量	单价	金额 十	万	千	百	十	元	角	分
	产成品 A	箱		10 000	80	8	0	0	0	0	0	0	0
合计						8	0	0	0	0	0	0	0

第三联：财务联　附件：　张

记账：　　　　保管：　　　　制票：

凭证 4-34

中国工商银行 进账单 （收账通知） 3

2020年9月24日

出票人	全称	*公司	收款人	全称	南方有限责任公司
	账号	********		账号	3602033919235103205
	开户银行	中国工商银行**支行		开户银行	工商银行桥南办事处
金额	人民币（大写）	壹佰叁拾伍万陆仟元整		亿千百十万千百十元角分	¥135600000
票据种类		票据张数			
票据号码					
复核 记账				收款人开户银行签章	

此联是收款人开户银行交给收款人的收账通知

凭证 4-35

领 料 单

领用部门：医务部　　2020年9月26日　　编号：09

材料编号	材料名称	用途	计量单位	请领数量	实发数量
003	原材料 N	医务室使用	升	9 000	9 000

备注：该批原材料买价 90 000 元，应转出进项增值税额 11 700 元。

凭证 4-36

广东增值税专用发票

国家税务总局
发票联
广东省税务局

№ 85798531

开票日期：2020 年 9 月 27 日

购买方	名 称：南方有限责任公司 纳税人识别号：91440605MA4UU2N92H 地 址、电 话：广州市海珠区西江大厦 020-86332866 开户行及账号：工商银行桥南办事处 3602033919235103205						密码区	
货物或应税劳务、服务名称	规格型号	单位	数量	单价	金额	税率	税额	
*劳务*加工铝合金罐		打	100	100.00	10000.00	13%	1300.00	
合 计					¥10000.00		¥1300.00	
价税合计（大写）	⊗壹万壹仟叁佰元整				（小写） ¥11300.00			
销售方	名 称：兴华有限责任公司 纳税人识别号：91440605TR4UU2H23R 地 址、电 话：德州市南海区建国大厦 0560-23456789 开户行及账号：工行南海支行 3602633919660037526						备注	兴华有限责任公司 91440605TR4UU2H23R 发票专用章

收款人： 复核： 开票人： 销售方：（章）

第三联：发票联 购买方记账凭证

凭证 4-37

广东省税收库行联网电子缴税（费）凭证

征收机关：85543780

收缴国库：广州市中心支库 填发日期：20200930 电子缴税号：085897

纳税人识别码：91440605MA4UU2N92H	纳税人账户名称：南方有限责任公司
纳税人名称：南方有限责任公司	纳税人账号：3602033919235103205
税款限缴期：20200930	纳税人开户行：工商银行
税种税目：增值税	金额：100 000.00
纳税金额合计 大写：壹拾万元整	小写：100 000.00
上述款项已划缴：	扣缴日期：20200930
税款所属期：20200915-20200930	银行盖章： 经办：

凭证 4-38

中国工商银行（ ）
转账支票存根

$\frac{A}{0}\frac{B}{2}$ 00000000

附加信息

出票日期 年 月 日

收款人：	
金 额：	
用 途：	

单位主管 会计

本支票付款期限十天

中国工商银行 转账支票（ ） 地名 $\frac{A}{0}\frac{B}{2}$ 00000000

出票日期（大写） 年 月 日 付款行名称：
收款人： 出票人账号：

人民币（大写）	亿	千	百	十	万	千	百	十	元	角	分

用途________
以上款项请从
我账户内支付
出票人签章 复核 记账

凭证 4-39

内部转账单

2020年9月30日

摘 要	转账项目	金 额
合 计		

凭证 4-40

A200000　　中华人民共和国企业所得税月（季）度预缴纳税申报表（A 类）

税款所属期间：　年　月　日至　年　月　日

纳税人识别号（统一社会信用代码）：□□□□□□□□□□□□□□□□□□

纳税人名称：　　　　　　　　　　　　　　　　　　　　金额单位：人民币元(列至角分)

优惠及附报事项有关信息									
项　目	一季度		二季度		三季度		四季度		季度平均值
	季初	季末	季初	季末	季初	季末	季初	季末	
从业人数									
资产总额（万元）									
国家限制或禁止行业	□是□否				小型微利企业				□是□否
	附报事项名称								金额或选项
事项 1									
事项 2									

	预缴税款计算	本年累计
1	营业收入	
2	营业成本	
3	利润总额	
4	加：特定业务计算的应纳税所得额	
5	减：不征税收入	
6	减：资产加速折旧、摊销（扣除）调减额（填写A201020）	
7	减：免税收入、减计收入、加计扣除（7.1+7.2+…）	
7.1		
7 2		
8	减：所得减免（8.1+8.2+…）	
8.1		
8.2		
9	减：弥补以前年度亏损	
10	实际利润额（3+4-5-6-7-8-9）\ 按照上一纳税年度应纳税所得额平均额确定的应纳税所得额	
11	税率(25%)	
12	应纳所得税额（10×11）	
13	减：减免所得税额（13.1+13.2+…）	
13.1		
13.2		
14	减：本年实际已缴纳所得税额	
15	减：特定业务预缴（征）所得税额	
16	本期应补（退）所得税额（12-13-14）	

	汇总纳税企业总分机构税款计算		
17	总机构	总机构本期分摊应补（退）所得税额（18+19+20）	
18		其中：总机构分摊应补（退）所得税额（16×总机构分摊比例__%）	
19		财政集中分配应补（退）所得税额（16×财政集中分配比例__%）	
20		总机构具有主体生产经营职能的部门分摊所得税额（16×全部分支机构分摊比例__%×总机构具有主体生产经营职能部门分摊比例__%）	
21	分支机构	分支机构本期分摊比例	
22		分支机构本期分摊应补（退）所得税额	

	实际缴纳企业所得税计算		
23	减：民族自治地区企业所得税地方分享部分：□ 免征 □ 减征:减征幅度____%)	本年累计应减免金额[（12-13-15）×40%×减征幅度]	
24	实际应补（退）所得税额		

谨声明：本纳税申报表是根据国家税收法律法规及相关规定填报的，是真实的、可靠的、完整的。

纳税人（签章）：年月日

经办人： 经办人身份证号： 代理机构签章： 代理机构统一社会信用代码：	受理人： 受理税务机关（章）： 受理日期：年月日

凭证 4-41

产品出仓单

2020年9月10日　　　　　　第　号

编号	产品名称	单位	规格	数量	单价	金额							
						十	万	千	百	十	元	角	分
	甲产品	千克		200	250	¥	5	0	0	0	0	0	0
合　计						¥	5	0	0	0	0	0	0

第三联：财务　附件：　张

记账：　　　　保管：　　　　制票：

凭证 4-42

广东增值税专用发票

此联不作报销、扣税凭证使用

国家税务总局 广东省税务局

No 85798365

开票日期：　　年　月　日

购买方	名　　称： 纳税人识别号： 地 址、电 话： 开户行及账号：					密码区	
货物或应税劳务、服务名称	规格型号	单位	数量	单价	金额	税率	税额
合　计					¥		¥
价税合计（大写）	⊗ 万　仟　佰　拾　元　角　分　（小写）¥						
销售方	名　　称： 纳税人识别号： 地 址、电 话： 开户行及账号：					备注	

第一联：记账联　销售方记账凭证

收款人：　　　复核：　　　开票人：　　　销售方：（章）

凭证 4-43

消费税计算表

年　月　日

产品名称	价款（或数量）	税率	应纳消费税
合计			

财务主管：　　　　复核：　　　　制表：

凭证 4-44

广东省×市印花税发票

No. 8393920

购票单位地址：南方有限责任公司　　　　2020年9月15日

票面面额	数量（枚）	超过千元无效	金额 千	百	十	元	角	分
贰拾元	40			8	0	0	0	0
合计（大写）：捌佰元整		合计		8	0	0	0	0

凭证 4-45

房产税计算表

2020年6月30日

房产名称	房屋用途	间数	房屋余值（或租金收入）	税率	应纳房产税
合计					

凭证 4-46

应交城市维护建设税、教育费附加计算表

年　月　日

流转税项目	本期应纳流转税金额	城市维护建设税		教育费附加	
		税率	金额	税率	金额
增值税					
消费税					
合计					

财务主管：　　　　复核：　　　　制表：

模块 5

凭证 5-1

中国工商银行　进账单　（收账通知）　1

2020年10月5日

出票人	全　称	聚信有限责任公司	收款人	全　称	南方有限责任公司
	账　号	3602053919360471525		账　号	3602033919235103205
	开户银行	工行上海徐汇营业部		开户银行	工商银行桥南办事处
金额	人民币（大写）	陆拾万元整			亿 千 百 十 万 千 百 十 元 角 分 ¥ 6 0 0 0 0 0 0 0
票据种类	支票	票据张数	1张		
票据号码					
	复核　　记账				收款人开户银行签章

此联是收款人开户银行交给收款人的收账通知

凭证 5-2

广东增值税专用发票

发票联

No 85798223

开票日期：2020 年 10 月 12 日

购买方	名　　称：南方有限责任公司 纳税人识别号：91440605MA4UU2N92H 地 址、电 话：广州市海珠区西江大厦 020-86332866 开户行及账号：工商银行桥南办事处 3602033919235103205					密码区	
货物或应税劳务、服务名称	规格型号	单位	数量	单价	金额	税率	税额
*黑色金属冶炼压延品*钢材		吨	142	3800.00	539600.00	13%	70148.00
合　计					¥539600.00		¥70148.00
价税合计（大写）	⊗陆拾万零玖仟柒佰肆拾捌元整				（小写）¥609748.00		
销售方	名　　称：宝扬股份有限公司 纳税人识别号：91440605TR4UU2J34W 地 址、电 话：南州市岭南区南江大厦 0660-64784560 开户行及账号：工行岭南分行 3602103919047994593					备注	

收款人：　　复核：　　开票人：　　销售方：（章）

第三联：发票联 购买方记账凭证

凭证 5-3

材料入库验收单

类别	原料及主要材料
发票编号	

编号	
来源	

验收日期：2020年10月12日

品名	规格	单位	数量		实际价格				计划价格	
			来料数	实际数	单价	总价	运杂费	合计	单价	总价
钢材		吨		142	3 800.00	539 600.00		539 600.00		
合计								539 600.00		

第三联：会计记账联

供销主管：　　验收保管：　　采购：　　制单：

凭证 5-4

资产投资转移单

投出单位：诚信信息服务有限公司

投入单位：南方有限责任公司　　2020 年 11 月 25 日　　转移单号：0003

转移原因	联营投资		
名称	合同号	价值	期限
*无形资产*专利技术	009583	500 000 元	
合计		500 000 元	

附件：关于专利技术的资产评估报告

移交人（诚信信息服务有限公司）签字（盖章）：　　接受人（甲公司）签字（盖章）：

凭证 5-5

资产评估报告书

*会评估字［2020］25号

依据《国有资产评估管理办法》，对贵公司对外投资的专利权，按照现行市价进行评估，确认价值为500 000元。

评估员：张宏

中国注册资产评估师：陈晨　　诚信会计师事务所（章）

2020年11月25日

凭证 5-6

广东增值税专用发票

No 85398632

发　票　联

开票日期：2020 年11 月25日

购货单位	名　　称：南方有限责任公司 纳税人识别号：91440605MA4UU2N92H 地址、　电话：广州市海珠区西江大厦3楼308室 020-86332866 开户行及账号：工商银行桥南办事处 3602033919235103205			密码区	略		
货物或应税劳务名称	规格型号	单位	数量	单价	金额	税率	税额
*无形资产*专利技术		项	1	500000.00	500000.00	6%	30000.00
税价合计（大写）	伍拾叁万元整				（小写）¥530000.00		
销货单位	名　　称：诚信信息服务有限公司 纳税人识别号：91440605TR4UU2L68Y 地址、　电话：广州市粤东区北京大厦1楼1008室　0754-84337788 开户行及账号：工行粤东支行 3602203919161083560			备注			

第三联：发票联购货方记账凭证

收款人：李虹　　复核：　张伟　　开票人：刘立　　销货单位（章）

凭证 5-7

中国工商银行　转账支票（　）

地名 $\frac{A\ B}{0\ 2}$ 00000000

本支票付款期限十天

出票日期（大写）贰零贰零年壹拾壹月贰拾伍日　付款行名称：

收款人：南方有限责任公司　出票人账号：

人民币（大写）	亿	千	百	十	万	千	百	十	元	角	分
叁拾万元整			¥	3	0	0	0	0	0	0	0

用途　投资款

以上款项请从
我账户内支付
出票人签章　　　　复核　　　　记账

凭证 5-8

中国工商银行　**进账单**　（收账通知）　　3

2020年11月25日

<table>
<tr><td rowspan="3">出票人</td><td>全　称</td><td colspan="2">诚信信息服务有限公司</td><td rowspan="3">收款人</td><td>全　称</td><td colspan="11">南方有限责任公司</td></tr>
<tr><td>账　号</td><td colspan="2">3602203919161083560</td><td>账　号</td><td colspan="11">3602033919235103205</td></tr>
<tr><td>开户银行</td><td colspan="2">工行粤东支行</td><td>开户银行</td><td colspan="11">工商银行桥南办事处</td></tr>
<tr><td rowspan="2">金额</td><td rowspan="2">人民币（大写）</td><td colspan="4" rowspan="2">叁拾万元整</td><td>亿</td><td>千</td><td>百</td><td>十</td><td>万</td><td>千</td><td>百</td><td>十</td><td>元</td><td>角</td><td>分</td></tr>
<tr><td></td><td></td><td>¥</td><td>3</td><td>0</td><td>0</td><td>0</td><td>0</td><td>0</td><td>0</td><td>0</td></tr>
<tr><td colspan="2">票据种类</td><td></td><td>票据张数</td><td></td><td colspan="12" rowspan="3">收款人开户银行签章</td></tr>
<tr><td colspan="2">票据号码</td><td colspan="3"></td></tr>
<tr><td colspan="5">复核　　　记账</td></tr>
</table>

此联是收款人开户银行交给收款人的收账通知

凭证 5-9

增发普通股股票委托书

联华股份有限公司为股份有限公司，2020年经批准，需增发普通股股票，每股面值1元，认购价3元。

现委托××证券公司代为发行，按发行收入的2%支付证券公司佣金，从发行收入中直接扣除。

……

联华股份有限公司（公章）：	××证券公司（公章）：
法人代表（签章）：	法人代表（签章）：
2020年11月1日	2020年11月1日

凭证 5-10

中国工商银行 进账单 （收账通知） 3

2020年11月20日

出票人	全称	××证券公司	收款人	全称	联华股份有限公司
	账号	********		账号	3602033919260083760
	开户银行	********		开户银行	工行粤西支行
金额	人民币（大写）	壹仟肆佰柒拾万元整		亿千百十万千百十元角分	¥ 1 4 7 0 0 0 0 0 0 0
票据种类	支票	票据张数	1张		
票据号码					
复核 记账				收款人开户银行签章	

此联是收款人开户银行交给收款人的收账通知

凭证 5-11

非货币性资产交换协议

经协商，立飞股份有限公司以8 000股普通股（面值20元）换取聚信有限责任公司的一项专用设备，该设备已经专业机构评估定价。

……

立飞股份有限公司（公章）：
法人代表（签章）：
2020年11月5日

聚信有限责任公司（公章）：
法人代表（签章）：
2020年11月5日

凭证 5-12

资产评估报告书

*会评估字［2020］25号

依据《国有资产评估管理办法》，对贵公司对外投资的专利权，按照现行市价进行评估，确认价值为250 000元。

评估员：张宏

中国注册资产评估师：陈晨

诚信会计师事务所（章）
2020年11月25日

凭证 5-13

固定资产移交表

2020年11月6日　　　　　　　　No. 2351

资产名称	购入时间	数量	预计使用年限	已使用年限	账面原价	已提折旧	评估价值	净值	备注
**专用设备	2018.5	1台	10	1.5	240 000	30 000	250 000	210 000	
调出单位：聚信有限责任公司					调入单位：立飞股份有限公司				
财务科长： 设备科长： 移交人签字：（乙公司）（章）					财务科长： 设备科长： 接受人签字：（甲公司）（章）				

凭证 5-14

上海证券中央登记结算公司成交过户交割单

2020年10月25日　　　　　　　　买

公司名称	永华股份有限公司		股东编号	A3375874	
电脑编号	12345678		申报编号	1234	
成交证券	600039	申报时间	201910	成交时间	201910
上次余额		成本价格		总金额	
本次成交	1 000 000（股）				
成交价格	15.00元		过户费	略	
成交数量	1 000 000（股）		印花税	略	
成交金额	15 000 000元		应付金额	略	
本次余额	略		附加费用	略	
本次库存	略				
本次盈亏					
实收金额	15 000 000元				

经办单位：**证券公司（章）　　　　　　客户签章：

凭证 5-15

股票回购计算表

2020年10月25日

回购前						
普通股股本	5 000 000股	每股面值	10	资本公积	盈余公积	未分配利润
本次回购	1 000 000股	每股金额	15			
冲减股本						
冲减资本公积						
冲减盈余公积						
冲减未分配利润						

凭证 5-16

中国工商银行（ ）
转账支票存根

$\frac{A\ B}{0\ 2}$ 00000000

附加信息

出票日期 年 月 日

收款人：	
金 额：	
用 途：	

单位主管 会计

本支票付款期限十天

中国工商银行 转账支票（ ） 地名 $\frac{A\ B}{0\ 2}$ 00000000

出票日期（大写） 年 月 日 付款行名称：

收款人： 出票人账号：

人民币（大写）	亿	千	百	十	万	千	百	十	元	角	分

用途________

以上款项请从

我账户内支付

出票人签章 复核 记账

凭证 5-17

投资协议

经协商，南方有限责任公司同意丁投资者出资180万元，占企业股份的25%，按所占股份享有所有者权益和承担相应的风险。

……

南方有限责任公司（公章）： 丁投资者（公章）：

法人代表（签章）： 法人代表（签章）：

2020年10月8日 2020年10月8日

凭证 5-18

㉻中国工商银行　转账支票（　　）地名 $\frac{A}{0}\frac{B}{2}$ 00000000

本支票付款期限十天

出票日期（大写）贰零贰零年壹拾月壹拾贰日　付款行名称：

收款人：　出票人账号：

人民币（大写）	亿	千	百	十	万	千	百	十	元	角	分
壹佰捌拾万元整		¥	1	8	0	0	0	0	0	0	0

用途 投资款

以上款项请从
我账户内支付
出票人签章　　复核　　记账

凭证 5-19

中国工商银行　进账单　（回单）　1

2020年10月12日

出票人	全称		收款人	全称	
	账号			账号	
	开户银行			开户银行	

金额	人民币（大写）	亿	千	百	十	万	千	百	十	元	角	分

票据种类	支票	票据张数	
票据号码			

复核　　记账　　收款人开户银行签章

此联是开户银行交给持票人的回单

凭证 5-20

发行普通股股票委托书

经批准，C股份有限公司需发行普通股股票 1 000 万股，每股面值 1 元，发行价 3.9 元。

现委托××证券公司代为发行，按发行收入的 5‰支付证券公司佣金，从发行收入中直接扣除。

其他法律事宜略。

……

C股份有限公司（公章）：　　　　　　　　××证券公司（公章）：

法人代表（签章）：　　　　　　　　　　　法人代表（签章）：

2020年10月20日　　　　　　　　　　　　2020年10月20日

凭证 5-21

中国工商银行　信汇凭证（收账通知）

委托日期 2020 年 10 月 20 日　　　　第 4 号

汇款人	全　称	**证券公司	收款人	全　称	C股份有限公司
	账　号	**		账　号	**
	汇出地点	省　市/县		汇入地点	省　市/县
汇出行名称			汇入行名称		

金额	人民币（大写）	亿	千	百	十	万	千	百	十	元	角	分
	叁仟捌佰捌拾万零伍仟元整	¥	3	8	8	0	5	0	0	0	0	0

款项已收入收款人账户	支付密码	
	附加信息及用途：付发行款	
汇入行签章	复核：	记账：

此联给收款人的收账通知

凭证 5-22

盈余公积计提计算单

2020 年 12 月 31 日

全年税后净利润	法定盈余公积（10%）	任意盈余公积（8%）	合　计
1 200 000			
合　　计			

部门负责人：　　　　制表：　　　　复核：

凭证 5-23

董 事 会 决 议

甲董字[2020]6 号

经董事会决议，本年度以任意盈余公积弥补以前年度亏损 13.5 万元。

南方有限责任公司

2020年 12月 31 日

凭证 5-24

董 事 会 决 议

甲董字[2020]7 号

经董事会决议，本年度以资本公积 30 万元、盈余公积 70 万元，按投资比例转增 P、Q、S、T 四法人投资者资本。

南方有限责任公司

2020年 12月 31 日

凭证 5-25

利润分配明细表

2020 年 12 月 31 日

<table>
<tr><td>年初未分配利润</td><td colspan="5"></td></tr>
<tr><td>本年度实现利润</td><td colspan="5"></td></tr>
<tr><td rowspan="2">应纳所得税额</td><td rowspan="2"></td><td>本年度实现利润</td><td>纳税调整</td><td>应纳税所得额</td><td>所得税</td></tr>
<tr><td></td><td></td><td></td><td></td></tr>
<tr><td>当年净利润</td><td colspan="5"></td></tr>
<tr><td>提取法定盈余公积</td><td colspan="5"></td></tr>
<tr><td>提取任意盈余公积</td><td colspan="5"></td></tr>
<tr><td>本年可供分配利润</td><td colspan="5"></td></tr>
<tr><td>全年可供分配利润</td><td colspan="5"></td></tr>
<tr><td>分配现金股利</td><td colspan="5"></td></tr>
<tr><td>未分配利润</td><td colspan="5"></td></tr>
</table>

部门负责人：　　　　制单人：

凭证 5-26

利润分配明细表

2020 年 12 月 31 日

<table>
<tr><td>年初未分配利润</td><td colspan="5"></td></tr>
<tr><td>本年度实现利润</td><td colspan="5"></td></tr>
<tr><td rowspan="2">应纳所得税额</td><td rowspan="2"></td><td>本年度实现利润</td><td>纳税调整</td><td>应纳税所得额</td><td>所得税</td></tr>
<tr><td></td><td></td><td></td><td></td></tr>
<tr><td>当年净利润</td><td colspan="5"></td></tr>
<tr><td>提取法定盈余公积</td><td colspan="5"></td></tr>
<tr><td>提取任意盈余公积</td><td colspan="5"></td></tr>
<tr><td>本年可供分配利润</td><td colspan="5"></td></tr>
<tr><td>全年可供分配利润</td><td colspan="5"></td></tr>
<tr><td>分配现金股利</td><td colspan="5"></td></tr>
<tr><td>未分配利润</td><td colspan="5"></td></tr>
</table>

部门负责人：　　　　制单人：

凭证5-27

A200000　　中华人民共和国企业所得税月（季）度预缴纳税申报表（A类）

税款所属期间：　　年　月　日至　年　月　日

纳税人识别号（统一社会信用代码）：□□□□□□□□□□□□□□□□□□

纳税人名称：　　　　　　　　　　　　　　　　　　　　金额单位：人民币元(列至角分)

优惠及附报事项有关信息									
项目	一季度		二季度		三季度		四季度		季度平均值
	季初	季末	季初	季末	季初	季末	季初	季末	
从业人数									
资产总额（万元）									
国家限制或禁止行业	□是□否				小型微利企业				□是□否
	附报事项名称								金额或选项
事项1									
事项2									

	预缴税款计算	本年累计
1	营业收入	
2	营业成本	
3	利润总额	
4	加：特定业务计算的应纳税所得额	
5	减：不征税收入	
6	减：资产加速折旧、摊销（扣除）调减额（填写A201020）	
7	减：免税收入、减计收入、加计扣除（7.1+7.2+…）	
7.1		
7 2		
8	减：所得减免（8.1+8.2+…）	
8.1		
8.2		
9	减：弥补以前年度亏损	
10	实际利润额（3+4-5-6-7-8-9）\ 按照上一纳税年度应纳税所得额平均额确定的应纳税所得额	
11	税率(25%)	
12	应纳所得税额（10×11）	
13	减：减免所得税额（13.1+13.2+…）	
13.1		
13.2		
14	减：本年实际已缴纳所得税额	
15	减：特定业务预缴（征）所得税额	
16	本期应补（退）所得税额（12-13-14）	

汇总纳税企业总分机构税款计算			
17	总机构	总机构本期分摊应补（退）所得税额（18+19+20）	
18		其中：总机构分摊应补（退）所得税额（16×总机构分摊比例__%）	
19		财政集中分配应补（退）所得税额（16×财政集中分配比例__%）	
20		总机构具有主体生产经营职能的部门分摊所得税额（16×全部分支机构分摊比例__%×总机构具有主体生产经营职能部门分摊比例__%）	
21	分支机构	分支机构本期分摊比例	
22		分支机构本期分摊应补（退）所得税额	

实际缴纳企业所得税计算			
23	减：民族自治地区企业所得税地方分享部分：□ 免征 □ 减征:减征幅度____%）	本年累计应减免金额［（12-13-15）×40%×减征幅度］	
24	实际应补（退）所得税额		

谨声明：本纳税申报表是根据国家税收法律法规及相关规定填报的，是真实的、可靠的、完整的。

纳税人（签章）：年月日

经办人： 经办人身份证号： 代理机构签章： 代理机构统一社会信用代码：	受理人： 受理税务机关（章）： 受理日期：年月日

凭证 5-28

A200000 中华人民共和国企业所得税月（季）度预缴纳税申报表（A类）

税款所属期间： 年 月 日至 年 月 日

纳税人识别号（统一社会信用代码）：□□□□□□□□□□□□□□□□□□

纳税人名称： 金额单位：人民币元(列至角分)

优惠及附报事项有关信息									
项目	一季度		二季度		三季度		四季度		季度平均值
	季初	季末	季初	季末	季初	季末	季初	季末	
从业人数									
资产总额（万元）									
国家限制或禁止行业	□是□否				小型微利企业				□是□否
	附报事项名称								金额或选项
事项 1									
事项 2									

	预缴税款计算	**本年累计**
1	营业收入	
2	营业成本	
3	利润总额	
4	加：特定业务计算的应纳税所得额	
5	减：不征税收入	
6	减：资产加速折旧、摊销（扣除）调减额（填写A201020）	
7	减：免税收入、减计收入、加计扣除（7.1+7.2+…）	
7.1		
7 2		
8	减：所得减免（8.1+8.2+…）	
8.1		
8.2		
9	减：弥补以前年度亏损	
10	实际利润额（3+4-5-6-7-8-9）\ 按照上一纳税年度应纳税所得额平均额确定的应纳税所得额	
11	税率(25%)	
12	应纳所得税额（10×11）	
13	减：减免所得税额（13.1+13.2+…）	
13.1		
13.2		
14	减：本年实际已缴纳所得税额	
15	减：特定业务预缴（征）所得税额	
16	本期应补（退）所得税额（12-13-14）	

		汇总纳税企业总分机构税款计算	
17	总机构	总机构本期分摊应补（退）所得税额（18+19+20）	
18		其中：总机构分摊应补（退）所得税额（16×总机构分摊比例__%）	
19		财政集中分配应补（退）所得税额（16×财政集中分配比例__%）	
20		总机构具有主体生产经营职能的部门分摊所得税额（16×全部分支机构分摊比例__%×总机构具有主体生产经营职能部门分摊比例__%）	
21	分支机构	分支机构本期分摊比例	
22		分支机构本期分摊应补（退）所得税额	

	实际缴纳企业所得税计算		
23	减：民族自治地区企业所得税地方分享部分： □ 免征 □ 减征:减征幅度____%）	本年累计应减免金额[（12-13-15） ×40%×减征幅度]	
24	实际应补（退）所得税额		

谨声明：本纳税申报表是根据国家税收法律法规及相关规定填报的，是真实的、可靠的、完整的。

纳税人（签章）：年月日

经办人： 经办人身份证号： 代理机构签章： 代理机构统一社会信用代码：	受理人： 受理税务机关（章）： 受理日期：年月日

凭证 5-29

税后利润计算表

2020年12月31日

项 目	金 额	备 注
税前利润	1 000 000	
减：所得税费用	0	
税后利润	1 000 000	

主管：　　　　制表：　　　　复核：

凭证 5-30

利润分配计算表

2020年

一、税后利润		
二、分配项目	分配比例	分配金额
1. 提取法定盈余公积金	10%	
2. 提取任意盈余公积金	5%	
3. 提取公益金	—	—
4. 向投资者分配利润		
其中：	投资比例（%）	—
A 公司	45	
B 公司	40	
C 公司	15	
分 配 合 计		

凭证 5-31

利润分配各明细账户的本年发生额

2020年12月31日

科目名称	借 方	贷 方
提取法定盈余公积	—	
提取任意盈余公积	—	
应付利润	—	
未分配利润		—
合 计		

会计主管：　　　　制表：

凭证 5-32

内部转账单

No.　　　　　　　　　　年　月　日

摘　　要	转账项目	金　　额
结转到本年利润账户	主营业务收入	
结转到本年利润账户	其他业务收入	
结转到本年利润账户	投资收益	
结转到本年利润账户	营业外收入	
结转到本年利润账户	主营业务成本	
结转到本年利润账户	其他业务成本	
结转到本年利润账户	税金及附加	
结转到本年利润账户	销售费用	
结转到本年利润账户	管理费用	
结转到本年利润账户	财务费用	
结转到本年利润账户	营业外支出	
结转到本年利润账户	资产处置损益	
结转到本年利润账户	信用减值损失	
合　　计		

根据账簿资料，将收入、收益、费用、支出等的项目和金额填入表内。

凭证 5-33

产品出仓单

2020年　月　日　　　　　　　　　　第　号

编号	材料	名称	单位	规格	数量	单价	金额							
							十	万	千	百	十	元	角	分
合　计														

第三联：财务联　附件：　张

记账：　　　　　　　　保管：　　　　　　　　制票：

凭证 5-34

广东增值税专用发票

全国统一发票监制章 国家税务总局 广东省税务局

此联不作报销、扣税凭证使用　　No 85398543

开票日期：　　年　　月　　日

购买方	名称： 纳税人识别号： 地址、电话： 开户行及账号：				密码区		
货物或应税劳务、服务名称	规格型号	单位	数量	单价	金额	税率	税额
合计					¥		¥
价税合计（大写）	⊗ 万 仟 佰 拾 元 角 分　（小写）¥						
销售方	名称： 纳税人识别号： 地址、电话： 开户行及账号：				备注		

收款人：　　复核：　　开票人：　　销售方：（章）

第一联：记账联 销售方记账凭证

凭证 5-35

托收凭证（受理回单）　1

委托日期　2020年1月3日

业务类型	委托收款（□邮划、□电划）			托收承付（□邮划、☑电划）									
付款人	全称			收款人	全称	南方有限责任公司							
	账号				账号								
	地址	省　市/县　开户行			地址	省　市/县　开户行　工商银行桥南办事处							
金额	人民币（大写）玖万零肆佰元整			亿	千	百	十	万	千	百	十	元	角	分
							¥	9	0	4	0	0	0	0
款项内容		托收凭据名称		附寄单证张数									
商品发运情况	铁路	合同名称号码	第0984号										
备注：验货付款 复核　记账		款项收妥日期： 年　月　日		收款人开户分行签章 年　月　日									

此联作收款人开户银行给收款人的受理回单

凭证 5-36

材料入库验收单

类别	原料及主要材料
发票编号	

编号	
来源	

验收日期： 年 月 日

品名	规格	单位	数量		实际价格				计划价格	
			来料数	实际数	单价	总价	运杂费	合计	单价	总价
乙材料										
合计										

第三联：会计记账联

供销主管： 验收保管： 采购： 制单：

凭证 5-37

中国工商银行（ ）
转账支票存根

$\frac{BG}{02}$ 00000000

附加信息

出票日期 年 月 日

收款人：
金 额：
用 途：

单位主管 会计

本支票付款期限十天

中国工商银行 转账支票（ ） 地名 $\frac{BG}{02}$ 00000000

出票日期（大写） 年 月 日 付款行名称：
收款人： 出票人账号：

人民币（大写）	亿	千	百	十	万	千	百	十	元	角	分

用途________
以上款项请从
我账户内支付
出票人签章

复核 记账

凭证 5-38

广东增值税专用发票

国家税务总局
广东省税务局

此联不作报销、扣税凭证使用　　№ 85398634

开票日期：　　年　月　日

购买方	名　　称： 纳税人识别号： 地 址、电 话： 开户行及账号：					密码区	
货物或应税劳务、服务名称	规格型号	单位	数量	单价	金额	税率	税额
合　计					¥		¥
价税合计（大写）	⊗ 万　仟　佰　拾　元　角　分　（小写）¥						
销售方	名　　称： 纳税人识别号： 地 址、电 话： 开户行及账号：					备注	

收款人：　　复核：　　开票人：　　销售方：（章）

第一联：记账联　销售方记账凭证

凭证 5-39

企业进货退出及索取折让证明单

No. 0600158

销货单位	全　称	南方有限责任公司			
	税务登记号	No. 678657408			
进货退出	货物名称	单价	数量	货款	税额
	乙材料	*	*	40 000	5 200
索取折让	货物名称	货款	税额	要求	
				折让金额	折让税额
退货或索取折让理由	经办人： 单位签章： 2020年12月20日 公　章		税务征收机关签章	经办人： 2020年12月20日 公　章	
购货单位	全称	宝扬股份有限公司			
	税务登记号	No. 453122805			

第三联　购货单位留存

凭证 5-40

代销协议

经协商，南方有限责任公司委托诚信信息服务有限公司代销A产品一批，产品销售成本为66 000元，该批产品的销售价款为120 000元。南方有限责任公司按售价的10%向诚信信息服务有限公司支付手续费。

……

南方有限责任公司（公章）　　诚信信息服务有限公司（公章）

法人代表（签章）　　法人代表（签章）

2020年×月×日　　2020年×月×日

凭证 5-41

产品出仓单

2020年　月　日　　　　第　号

编号	材料	名称	单位	规格	数量	单价	金额							
							十	万	千	百	十	元	角	分
合计														

第三联：财务联　附件：　张

记账：　　保管：　　制票：

凭证 5-42

诚信信息服务有限公司代销清单

2020年12月25日

委托单位	商品名称	计量单位	委托数量	已销售数量	单价	销售金额	增值税	合计
南方有限责任公司	**	件				120 000	15 600	135 600
合计						120 000	15 600	135 600
手续费	（大写）壹万贰仟元整							12 000
实际结算金额	（大写）壹拾贰万柒仟贰佰元整					¥123 600		

凭证 5-43

广东增值税专用发票

国家税务总局
广东省税务局

此联不作报销、扣税凭证使用　　No 85396321

开票日期：　　年　　月　　日

购买方	名　　称： 纳税人识别号： 地 址、电 话： 开户行及账号：					密码区	
货物或应税劳务、服务名称	规格型号	单位	数量	单价	金额	税率	税额
合　计					¥		¥
价税合计（大写）	⊗ 万　仟　佰　拾　元　角　分　（小写）¥						
销售方	名　　称： 纳税人识别号： 地 址、电 话： 开户行及账号：					备注	

收款人：　　复核：　　开票人：　　销售方：（章）

第一联：记账联　销售方记账凭证

凭证 5-44

中国工商银行（　）
转账支票存根

BG 02 00000000

附加信息

出票日期　　年　月　日

收款人：
金 额：
用 途：

单位主管　　会计

本支票付款期限十天

中国工商银行 转账支票（　）

地名 BG 02 00000000

出票日期（大写）　　年　月　日　　付款行名称：

收款人：　　出票人账号：

人民币（大写）	亿	千	百	十	万	千	百	十	元	角	分

用途________

以上款项请从
我账户内支付
出票人签章　　复核　　记账

凭证 5-45

坏账准备计提表

提取率： 2020年12月31日 单位：元

项目	应收账款	坏账准备
月初结存金额		
月末结存及提取数		
加（减）计提前余额		
本月应提坏账准备		4 000.00

主管： 复核： 制表：

凭证 5-46

增值税附加税费计算表

2020年12月31日

项　　目	基　　数	征收率	金　　额	备　　注
城市维护建设税		7%	8 008	
教育费附加		3%	2 288	
合　　计			10 296	

主管： 制表： 复核：

凭证 5-47

A200000　　中华人民共和国企业所得税月（季）度预缴纳税申报表（A类）

税款所属期间：　　年　月　日至　年　月　日

纳税人识别号（统一社会信用代码）：□□□□□□□□□□□□□□□□□□

纳税人名称：　　　　　　　　　　　　　　　　　　　　　　金额单位：人民币元(列至角分)

优惠及附报事项有关信息									
项　目	一季度		二季度		三季度		四季度		季度平均值
	季初	季末	季初	季末	季初	季末	季初	季末	
从业人数									
资产总额（万元）									
国家限制或禁止行业	□是□否				小型微利企业				□是□否
	附报事项名称								金额或选项
事项 1									
事项 2									

	预缴税款计算	本年累计
1	营业收入	
2	营业成本	
3	利润总额	
4	加：特定业务计算的应纳税所得额	
5	减：不征税收入	
6	减：资产加速折旧、摊销（扣除）调减额（填写A201020）	
7	减：免税收入、减计收入、加计扣除（7.1+7.2+…）	
7.1		
7 2		
8	减：所得减免（8.1+8.2+…）	
8.1		
8.2		
9	减：弥补以前年度亏损	
10	实际利润额（3+4-5-6-7-8-9）\ 按照上一纳税年度应纳税所得额平均额确定的应纳税所得额	
11	税率(25%)	
12	应纳所得税额（10×11）	
13	减：减免所得税额（13.1+13.2+…）	
13.1		
13.2		
14	减：本年实际已缴纳所得税额	
15	减：特定业务预缴（征）所得税额	
16	本期应补（退）所得税额（12-13-14）	

汇总纳税企业总分机构税款计算			
17	总机构	总机构本期分摊应补（退）所得税额（18+19+20）	
18		其中：总机构分摊应补（退）所得税额（16×总机构分摊比例__%）	
19		财政集中分配应补（退）所得税额（16×财政集中分配比例__%）	
20		总机构具有主体生产经营职能的部门分摊所得税额（16×全部分支机构分摊比例__%×总机构具有主体生产经营职能部门分摊比例__%）	
21	分支机构	分支机构本期分摊比例	

凭证 5-48

内部转账单

No.　　　　　　　　　　　　　2020年12月31日

摘　　要	转 账 项 目	金　　额	
		借 方	贷 方
结转到本年利润账户	主营业务收入		
结转到本年利润账户	主营业务成本		
结转到本年利润账户	税金及附加		
结转到本年利润账户	销售费用		
结转到本年利润账户	管理费用		
结转到本年利润账户	财务费用		
结转到本年利润账户	信用减值损失		
结转到本年利润账户	所得税费用		
合　　计			

根据账簿资料，将收入、收益、费用、支出等的项目和金额填入表内。

"十四五"普通高等教育规划教材
高 职 高 专 会 计 系 列

会计学（非财务会计类专业使用）	编著	陈　强
基础会计	主编	赵丽生
财务会计	主编	杨智慧
◎ 财务会计实训	主编	杨智慧　庄燕娜
成本会计	主编	赵宝芳
管理会计	主编	马元兴
财务管理（第二版）	主编	孔德兰
审计实务	主编	孙振丹
会计基本技能	主编	桑丽霞　孙楠楠
初级会计专业英语	主编	常　勋
税法	主编	梁文涛
财经法规与会计职业道德	主编	程淮中
Excel 在财务管理中的应用	主编	刘捷萍
基础会计实训	主编	赵丽生
成本会计实训	主编	丁增稳
会计分岗位实训	主编	孙振丹
会计综合模拟实训	主编	李占国
企业成本核算与分析（第二版）	主编	史艳利　陈　哲
资产评估实务	主编	宣国萍

立信会计实训平台

名师精品资源库

ISBN 978-7-5429-6718-3
9 787542 967183 >
1版2次　定价：58.00元